★ ★   ★ ★

영상으로 체험하는

뽐뽐 중국어

탄탄대로
취업편

영상으로 체험하는
뿜뿜 중국어
탄탄대로 취업편

지은이 김안나
펴낸이 정규도
펴낸곳 (주)다락원

초판 1쇄 발행 2019년 1월 3일

편집총괄 최운선
기획편집 김유진
디자인 윤미주, 임미영
일러스트 윤미주

다락원 경기도 파주시 문발로 211
내용문의 (02) 736-2031 내선 273
구입문의 (02) 736-2031 내선 250~252
Fax (02) 732-2037
출판등록 1977년 9월 27일 제406-2008-000007호

값 13,000원
ISBN 978-89-277-4722-2 13720

http://www.darakwon.co.kr
다락원 홈페이지를 통해 인터넷 주문을 하시면 자세한 정보와
함께 다양한 혜택을 받으실 수 있습니다.

영상으로 체험하는

뽐뽐 중국어

김안나 지음 / 원어민 王海新 감수

**탄탄대로
취업편**

다락원

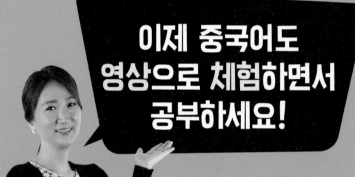

이제 중국어도
영상으로 체험하면서
공부하세요!

중국 현지에서 촬영한 리얼 중국어!

현직 중국어 교사의 친절하고 쉬운 설명!

인기 BJ 페이의 귀에 쏙쏙 박히는 강의!

중국어 공부,
맥락 없이 따분하게 문형만 암기하고 계시나요?

왕초보지만, 중국 드라마로 재미있게 공부하고 싶은 사람!
실생활에서 바로 쓸 수 있는 중국어를 배우고 싶은 사람!
이 분들을 위해 만들었습니다.

이 책의 주인공 유나는 한국에서 간단한 중국어를 배우고 중국으로 유학 간 학생입니다. 그리고 중국에서 중국인 친구 왕후이를 만나 다양한 대화를 하며 중국어 실력을 키워 나가죠. 왕초보 유나가 중국어로 연애하고, 취직해서 중국어로 밥 벌어먹기까지, 유나의 중국 생활이 앞으로 어떻게 전개될지 기대해 주세요.

이 책 한 권이면 누구나 독학으로 중국어를 시작할 수 있습니다. 중국인의 연기를 보고, 듣고, 따라 말하며, 실제 중국인과 대화하듯 연습해 보세요. 영상 속 주인공이 되어 들리는 대로 자신 있게 뽑어내다 보면 실제 상황에서도 자연스러운 중국어를 구사할 수 있게 됩니다.

필자는 중국에 유학 갔을 때, 중국인들의 빠른 말 속도에 당황하기 일쑤였습니다. 누구도 교재 속 녹음 파일처럼 또박또박 천천히 말해 주지 않았죠. 말 속도에 적응하기 위해서는 중국인과 많이 대화하며 그냥 부닥치는 수밖에 없었습니다. 이 책의 영상 속 주인공들은 실제 말 속도로 자연스럽게 대화하고 있습니다. 처음에는 조금 빠르고 어렵다고 느낄 수 있지만, 그냥 부닥쳐 보세요! 진짜 중국인과 대화하는 것 같은 경험을 할 수 있습니다.

이 책은 13년 지기 친구이자 감수자인 왕하이씬(王海新) 선생님과 많은 이야기를 나누며 만들었습니다. 생생한 표현을 담기 위해 꼼꼼하게 감수해 주신 왕하이씬 선생님께 진심으로 감사의 말을 전합니다. 그리고 늘 좋은 책을 만들기 위해 노력하시는 편집자 김유진 님, 언제나 열정 넘치는 BJ 페이 님께도 진심으로 감사드립니다.

지은이 김안나 씀

차 례

16일 완성! 학습 스케줄

DAY 9

08 술자리를 갖다 ·························· ☐

- 您会喝酒吗?
- 您尝一尝, 我敬您一杯。
- 为我们的合作干杯!

😊 뿜뿜 대화 체험하기 ················· ☐

DAY 10

09 중국 회사를 방문하다 ············· ☐

- 请问, 您有什么事?
- 我们跟李经理约好两点见面。
- 好, 请在这儿稍等一下。

😊 뿜뿜 대화 체험하기 ················· ☐

DAY 11

10 제품을 설명하다 ··················· ☐

- 贵公司的产品有什么优势?
- 虽然价格低, 但是质量很好!
- 这是我们最新研制的化妆品。

😊 뿜뿜 대화 체험하기 ················· ☐

DAY 12

11 사업장을 둘러보다 ··············· ☐

- 这座楼总面积有多少?
- 有八万平方米。
- 韩国的牌子有多少个?

😊 뿜뿜 대화 체험하기 ················· ☐

DAY 13

12 계약하다 1 ························· ☐

- 请您看一下合同内容有没有问题。
- 有什么需要修改的地方吗?
- 我觉得贵公司的报价太高了。

😊 뿜뿜 대화 체험하기 ················· ☐

DAY 14

13 계약하다 2 ························· ☐

- 合同都调整好了。
- 没什么意见, 就签合同吧。
- 好! 就这么定了!

😊 뿜뿜 대화 체험하기 ················· ☐

DAY 15

14 배웅하다 ··························· ☐

- 非常感谢您的热情款待!
- 希望你们对这次访问满意!
- 祝你们一路顺风!

😊 뿜뿜 대화 체험하기 ················· ☐

DAY 16

15 에필로그 ··························· ☐

- 我被派遣到北京工作了!
- 我们又可以在一起了!
- 我会让你一辈子幸福的。

😊 뿜뿜 대화 체험하기 ················· ☐

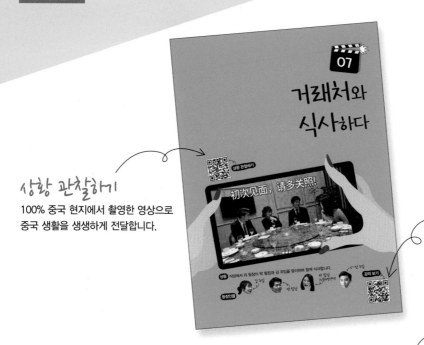

상황 관찰하기
100% 중국 현지에서 촬영한 영상으로
중국 생활을 생생하게 전달합니다.

강의 보기
BJ 페이가 영상 속 문장을
똑 부러지고 재미있게 강의해 줍니다.

단어장
본문 내용과 예문에 포함된
단어가 제시됩니다.

나만의 과외 선생님
방문 교사처럼 하나하나
짚어 가며 어법을 쉽게
설명합니다.

대화 내용 확인하기
영상 속 대화 내용과 발음을 보여 줍니다. ◆MP3

아하! TIP
알고 나면 중국어 실력 쑥쑥 오르는
진짜 중국어 팁을 줍니다.

일러두기
한글 발음 표기는 외래어 표기법을 따르지 않고, 중국어 발음 규칙에 따라 최대한 원음에 가깝게 표기하였습니다.
MP3 음성을 통해 정확한 발음을 확인하시기 바랍니다.

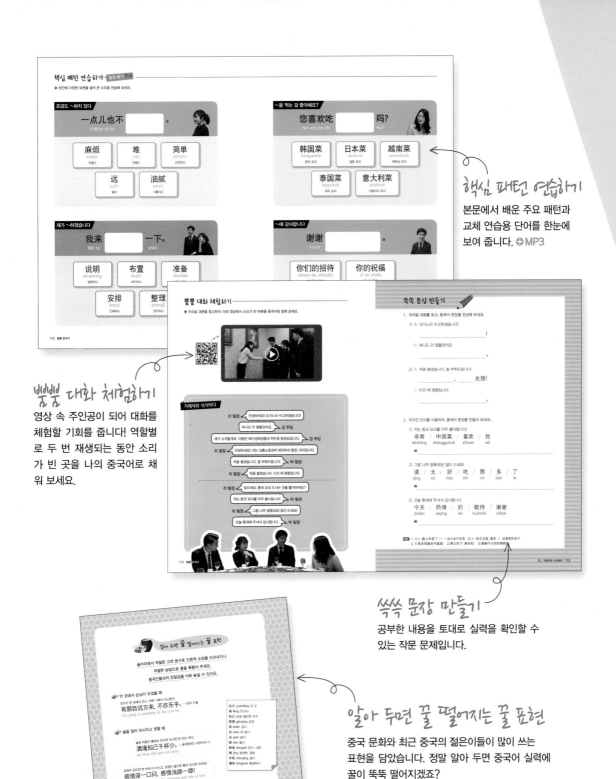

핵심 패턴 연습하기
본문에서 배운 주요 패턴과 교체 연습용 단어를 한눈에 보여 줍니다. ✚MP3

뿅뿅 대화 체험하기
영상 속 주인공이 되어 대화를 체험할 기회를 줍니다! 역할별로 두 번 재생되는 동안 소리가 빈 곳을 나의 중국어로 채워 보세요.

쓱쓱 문장 만들기
공부한 내용을 토대로 실력을 확인할 수 있는 작문 문제입니다.

알아 두면 꿀 떨어지는 꿀 표현
중국 문화와 최근 중국의 젊은이들이 많이 쓰는 표현을 담았습니다. 정말 알아 두면 중국어 실력에 꿀이 뚝뚝 떨어지겠죠?

유나가 중국 생활에 첫걸음을 떼고 중국인 친구 왕후이를 만나 겪은 이야기, '두근두근 기초편'과 '알콩달콩 일상편'의
스토리를 살펴볼까요?

 썸

 고백

너 이름이 뭐야?
你叫什么名字?

나는 왕후이야.
我叫王辉。

만나서 반가워.
认识你很高兴。

나도 만나서 반가워.
认识你我也很高兴。

너 남자 친구 있어?
你有男朋友吗?

나 남자 친구 없어.
我没有男朋友。

너 휴대폰 번호가 뭐야?
你的手机号码是多少?

내가 나중에 너한테 전화할게.
我以后给你打电话。

좋아.
好啊。

세상에! 여기 야경 정말 예쁘다!
天哪! 这儿的夜景真漂亮!

오늘 네가 더 예뻐!
今天你更漂亮!

이건 내가 너한테 주는 장미꽃이야.
这是我送你的玫瑰花。

정말 감동이야!
好感动啊!

유나야! 사실 나 너한테 첫눈에 반했어.
柔娜! 其实我对你一见钟情。

내 여자 친구가 되어 줄래?
你愿意做我的女朋友吗?

그래.
我愿意。

#3 연애

 **#4** 이별 준비

너 왜 그래?
你怎么了?

어디 불편해?
哪儿不舒服?

나 갑자기 머리가 아파.
我突然头疼。

너 집에 가서 쉬어야겠다.
你应该回家休息。

룸메이트 집에 있어?
同屋在家吗?

이 시간에 걔는 아마
집에 없을 거야.
**这个时间
她可能不在家。**

그럼 내가 널 보살펴야겠다.
那我来照顾你吧。

너 혼자 집에 있게 할 순 없지.
不能让你一个人在家。

네가 있어서 정말 좋아.
有你在太好了。

시간 진짜 빨리 간다!
时间过得真快啊!

다음 달이면 나 귀국해야 해.
下个月我就要回国了。

부탁이야! 날 떠나지 마!
拜托! 你别离开我!

어쩔 수 없어.
没办法。

나 잠시 널 떠나야 해.
我得暂时离开你了。

우리는 헤어지지 않을 거야.
我们不会分手的。

그렇지?
对不对?

당연하지!
当然!

슬퍼하지 마, 우리 금방 다시 만나게 될 거야!
别伤心了, 我们很快会再见面的!

응, 꼭 그럴 거야!
嗯, 一定会的!

중국어 상식 한 발짝

 강의 보기

1. 중국어 vs. 한어

중국에서는 중국어를 '한어(汉语 Hànyǔ)'라고 해요. 중국 인구의 대다수를 차지하는 '한족(汉族 Hànzú)이 사용하는 언어'라는 뜻이에요.

2. 방언 vs. 보통화

중국은 영토가 넓고 다양한 민족이 살고 있어서 각 지역의 '방언(方言 fāngyán)'이 거의 외국어처럼 느껴질 정도로 서로 알아듣기 힘들어요. 그래서 표준 중국어인 '보통화(普通话 pǔtōnghuà)'를 보급하여 사용하고 있어요.

3. 번체자 vs. 간체자

'번체자(繁体字 fántǐzì)'는 우리나라, 홍콩, 대만 등에서 사용하는 모양이 복잡한 한자이고, 중국에서 사용하는 '간체자(简体字 jiǎntǐzì)'는 복잡한 한자의 획을 간단하게 만든 한자예요.

<table>
<tr><td>번체자</td><td></td><td>간체자</td></tr>
<tr><td>漢</td><td>➡</td><td>汉</td></tr>
</table>

4. 한어 병음

한자는 뜻글자이기 때문에 한자를 읽기 위해서는 발음 기호가 필요해요. 그래서 알파벳으로 발음을 표기하는데, 이 중국어 발음 표기법을 '한어 병음(汉语拼音 Hànyǔ Pīnyīn)'이라고 해요. 한어 병음은 성조, 성모, 운모로 이루어져 있어요.

성조는 음의 높낮이를 나타내고, 성모는 한글의 '자음', 운모는 '모음'과 비슷하다고 생각하면 쉬워요. 한글과 다른 점으로는 '한'에서 자음이 'ㅎ', 'ㄴ'이고 모음이 'ㅏ'라면, 한어 병음 'hàn'에서 성모는 'h(음절의 첫소리 자음)'이고, 운모는 'an(성모를 제외한 나머지)'이에요.

중국어 발음 두 발짝

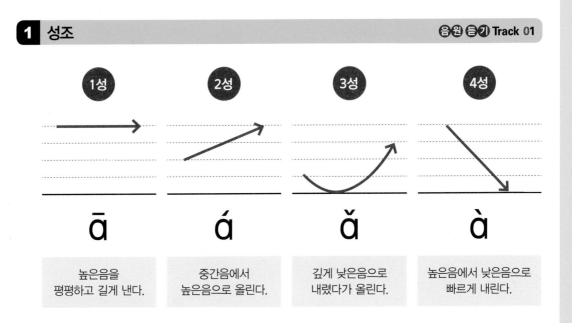

1성	2성	3성	4성
ā	á	ǎ	à
높은음을 평평하고 길게 낸다.	중간음에서 높은음으로 올린다.	깊게 낮은음으로 내렸다가 올린다.	높은음에서 낮은음으로 빠르게 내린다.

▶ 같은 음절이라도 성조가 다르면 뜻이 달라져요.

妈 mā	麻 má	马 mǎ	骂 mà
엄마	저리다	말	욕하다

음원 듣기 **Test 01**

녹음을 듣고, 발음에 해당하는 성조를 표시해 보세요.

1. a   2. a   3. a   4. a

정답 1. ǎ   2. à   3. á   4. ā

2 성모

성모는 음절의 첫소리 자음에 해당하며 모두 21개가 있어요. 우리말에서 'ㄱ'을 '기역'이라고 읽듯이, 성모를 읽을 때는 운모와 결합해서 읽어 줘요.

b	p	m
bo	po	mo
뽀어	포어	모어

- 두 입술을 붙였다 떼면서 발음해요.
- 운모 'o'와 결합하여 발음하는데, 운모 'o'는 '오어'라고 발음해요.

---

f
fo
포어

- 윗니를 아랫입술에 살짝 대었다 떼면서 발음해요.
- 운모 'o'와 결합하여 발음해요.

---

d	t	n	l
de	te	ne	le
뜨어	트어	느어	르어

- 혀끝을 윗니 안쪽에 붙였다 떼면서 발음해요.
- 운모 'e'와 결합하여 발음하는데, 운모 'e'는 '으어'라고 발음해요.

---

g	k	h
ge	ke	he
끄어	크어	흐어

- 혀뿌리 부분에서 트림하듯이 걸쭉하게 발음해요.
- 운모 'e'와 결합하여 발음해요.

j	q	x
ji	qi	xi
찌(지)	치	씨(시)

- 혀 앞부분을 입천장 앞쪽에 붙였다 떼거나 가까이 대고 발음해요.
- 운모 'i'와 결합하여 발음해요.

zh	ch	sh	r
zhi	chi	shi	ri
즈	츠	스	르

- 혀끝을 들어 올려 살짝 말듯 입천장에 가까이 대고 발음해요.
- 운모 'i'와 결합하여 발음하는데, zh, ch, sh, r 뒤에 오는 'i'는 '으'로 발음해요.

z	c	s
zi	ci	si
쯔	츠	쓰

- 혀끝을 윗니 뒤쪽에 붙였다 떼면서 발음해요.
- 운모 'i'와 결합하여 발음하는데, z, c, s 뒤에 오는 'i'는 '으'로 발음해요.

음원 듣기 **Test 02**

녹음을 듣고, 발음에 해당하는 성모를 둘 중에 골라 체크해 보세요.

1. p ☐ f ☐   2. l ☐ r ☐   3. q ☐ c ☐   4. zh ☐ z ☐

정답 1. f 2. r 3. q 4. zh

운모는 음절에서 성모를 제외한 나머지 부분으로, 모두 36개가 있어요. 운모는 성모 없이 운모만 단독으로 쓰일 수도 있어요. 가장 기본이 되는 운모 6개부터 살펴볼까요?

기본운모

a
아
- 입을 크게 벌리고 '아'라고 발음해요.
예 à 아, dà 따

o
오어
- 입술을 동글게 했다가 살짝 펴면서 '오어'라고 발음해요.
예 ò 오어, pò 포어

e
으어
- '으'에서 '어'로 빠르고 자연스럽게 옮기며 '으어'라고 발음해요.
예 è 으어, gē 끄어

i
이
- 입을 길게 벌리며 '이'라고 발음해요.
- 성모 없이 단독으로 쓰일 때는 앞에 'y'를 붙여 줘요.
- 성모 zh, ch, sh, r, z, c, s 뒤에 오는 'i'는 '으'로 발음해요.
예 yī 이, jī 찌, sì 쓰

u
우
- 입을 동그랗게 만들어 '우'라고 발음해요.
- 성모 없이 단독으로 쓰일 때는 앞에 'w'를 붙여 줘요.
예 wǔ 우, kū 쿠

ü
위
- 입을 동그랗게 한 상태에서 '위'라고 발음해요. 이때 입술 모양은 움직이지 않고 그대로 유지해요.
- 성모 없이 단독으로 쓰일 때는 앞에 'y'를 붙이고 위의 두 점을 빼 줘요.
- 성모 j, q, x가 운모 ü와 결합하면 위의 두 점은 빼고 표기해요.
예 yú 위, nǚ 뉘, qù 취

복운모 기본 운모가 2개 합쳐진 운모예요.

ai
아이
예 ǎi 아이
mài 마이

ei ★
에이
예 èi 에이
gěi 게이

ao
아오
예 áo 아오
pǎo 파오

ou
오우
예 ǒu 오우
kǒu 코우

★e가 i나 ü와 결합할 때는 '에'로 발음해요.

비운모 콧소리가 나는 운모로, 'ㄴ'이나 'ㅇ' 받침이 들어 있는 운모예요.

an
안
예 àn 안
màn 만

en
언
예 ēn 언
hěn 헌

ang
앙
예 áng 앙
bāng 빵

eng
엉
예 èng 엉
fēng 펑

ong
옹
예 hóng 홍

권설운모 혀를 말아서 발음하는 운모예요.

er
얼
예 èr 얼

결합운모 i, u, ü가 다른 운모와 결합하여 만들어진 운모예요.

(1) i와 결합한 운모

ia	ie★	iao	iou(iu)★
이아	이에	이아오	이오우(이우)
예 yā 야	예 yě 이에	예 yào 야오	예 yǒu 요우
jiā 찌아	xiè 씨에	jiào 찌아오	qiú 치우

• 성모 없이 단독으로 쓰일 때는 i를 y로 바꾸어 표기하고, in과 ing은 앞에 'y'를 붙여 줘요.

★e가 i나 ü와 결합할 때는 '에'로 발음해요.
★'성모＋iou'일 때는 o를 생략하고 iu로 표기해요. o가 생략됐지만, 약하게 o발음을 해 줘요.

ian★	iang	in	ing	iong
이앤	이앙	인	잉	이옹
예 yán 앤	예 yáng 양	예 yín 인	예 yīng 잉	예 yòng 용
jiàn 찌앤	xiǎng 시앙	nín 닌	qǐng 칭	xiōng 씨옹

★ian은 '이안'이 아니라 '이앤'으로 발음해요.

(2) u와 결합한 운모

ua
우아

예 wā 와
huā 후아

uo
우어

예 wǒ 워
guó 구어

uai
우아이

예 wài 와이
kuài 쿠아이

uei(ui)★
우에이(우이)

예 wéi 웨이
guì 꾸이

- 성모 없이 단독으로 쓰일 때는 u를 w로 바꾸어 표기해요.
★'성모 + uei'일 때는 e를 생략하고 ui로 표기해요. e가 생략됐지만, 약하게 e발음을 해 줘요.

uan
우안

예 wàn 완
chuān 추안

uang
우앙

예 wáng 왕
huáng 후앙

uen(un)★
우언(운)

예 wèn 원
kùn 쿤

ueng
우엉

예 wēng 웡

★'성모 + uen'일 때는 e를 생략하고 un으로 표기해요. e는 생략됐지만, 약하게 e발음을 해 줘요.

(3) ü와 결합한 운모

üan★
위앤

예 yuán 위앤
quān 취앤★

üe★
위에

예 yuè 위에
lüè 뤼에

ün
윈

예 yūn 윈
jūn 쮠★

- 성모 없이 단독으로 쓰일 때는 ü를 yu로 바꾸어 표기해요.
★üan은 '위안'이 아니라 '위앤'으로 발음해요.
★e가 i나 ü와 결합할 때는 '에'로 발음해요.
★성모 j, q, x가 운모 ü와 결합하면 ü의 두 점은 빼고 표기해요.

중국어 완벽 포인트 세 발짝

1 한어 병음 표기 규칙

(1) 기본운모 i, u, ü가 성모 없이 쓰일 때는 각각 yi, wu, yu로 표기해요.

(2) i결합운모가 성모 없이 쓰일 때는 i를 y로 바꾸어서 표기해요. (in, ing은 yin, ying으로 표기)
u결합운모가 성모 없이 쓰일 때는 u를 w로 바꾸어서 표기해요.
ü결합운모가 성모 없이 쓰일 때는 ü를 yu로 바꾸어서 표기해요.

(3) j, q, x가 ü와 결합할 때는 두 점을 빼고 u로 표기해요.

(4) iou, uei, uen이 성모와 결합할 때는 각각 iu, ui, un으로 표기해요.

(5) 2음절 이상의 단어에서 중간에 음절이 'a, o, e'로 시작되면 앞의 음절과 이어 읽지 말라는 의미로 격음부호(')를 붙여 줘요.

예 晚安 wǎn'ān, 海鸥 hǎi'ōu, 女儿 nǚ'ér

음원 듣기 **Test 03**

녹음을 듣고, 발음에 해당하는 병음을 빈칸에 써 보세요.

1. ☐ī   2. ☐ǔ   3. ☐òng   4. ☐án   5. j☐   6. q☐n   7. n☐ú   8. g☐n

---

정답 1. y 2. w 3. y 4. yu 5. ù 6. ú 7. i 8. ù

2 성조 표기 규칙

(1) 성조는 운모 위에 표기해요. 예 bà

(2) i 위에 성조를 표기할 때는 위의 점을 빼고 표기해요. 예 nǐ

(3) 운모가 두 개 이상일 경우에는 입이 크게 벌어지는 순서로 표기해요.

a 〉 o, e 〉 i, u, ü

예 gāo, xiàn, hòu, jiě, lüè

(4) i와 u가 같이 있을 경우에는 뒤에 표기해요. 예 liù, duì

음원 듣기 **Test 04**

녹음을 듣고, 발음에 해당하는 성조를 표시해 보세요.

1. xiao   2. gou   3. zui   4. xue

정답 1. xiāo 2. gǒu 3. zuì 4. xué

원래 모든 한자는 고유의 성조를 가지고 있지만, 단어 또는 문장 속에서 본래의 성조를 잃고 짧고 약하게 발음하는 경우가 있는데 이것을 경성이라고 해요. 경성은 성조를 표기하지 않으며, 앞 음절에 따라 성조의 음높이가 달라져요.

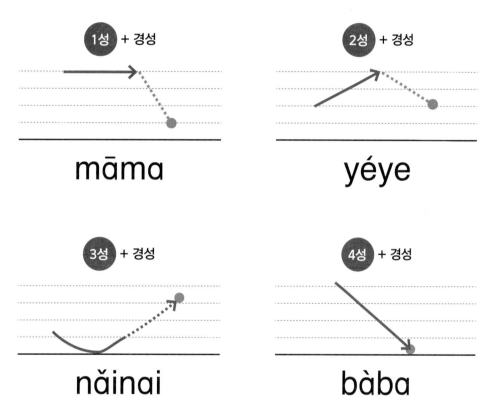

1성 + 경성
māma

2성 + 경성
yéye

3성 + 경성
nǎinai

4성 + 경성
bàba

음원 듣기 **Test 05**

녹음을 듣고, 발음에 해당하는 성조를 표시해 보세요.

1. pengyou   **2.** jiejie   **3.** gege   **4.** didi

정답   **1.** péngyou   **2.** jiějie   **3.** gēge   **4.** dìdi

(1) 3성의 성조 변화

3성과 3성이 연이어 나오면 앞의 3성은 2성으로 발음해 주세요.

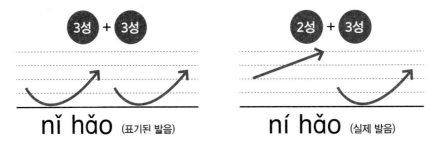

3성 뒤에 1성, 2성, 4성, 경성이 오면 앞의 3성은 반3성으로 발음해 주세요.
반3성은 내려갔다가 올라오는 음 중에서 내려가는 음, 즉 앞부분의 반만 발음하는 거예요.

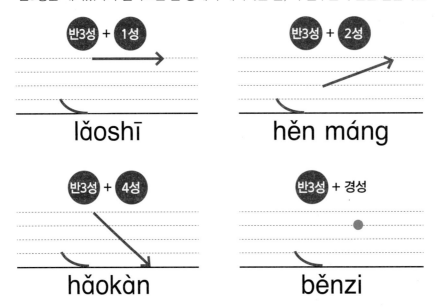

(2) '不'의 성조 변화

'아니다'라는 뜻의 한자 '不'의 발음은 4성 'bù'지만 뒤에 4성이 나올 경우 2성 'bú'로 발음해요.
한어 병음은 변화된 성조로 표기해요.

- 不 + 吃 = 不吃　　　　· 不 + 忙 = 不忙　　　　· 不 + 好 = 不好
  bù + chī = bù chī　　　bù + máng = bù máng　　bù + hǎo = bù hǎo

- 不 + 要 = 不要　　　　· 不 + 看 = 不看
  bù + yào = bú yào　　　bù + kàn = bú kàn

(3) 'ㅡ'의 성조 변화

'ㅡ'의 발음은 1성 'yī'지만 뒤에 4성이나 경성이 나올 경우 2성 'yí'로 발음해요.
한어 병음은 변화된 성조로 표기해요.

- 一 + 下 = 一下
  yī + xià = yíxià
- 一 + 个 = 一个
  yī + ge = yí ge

'ㅡ' 뒤에 1성, 2성, 3성이 나올 경우에는 4성 'yì'로 발음해요.
한어 병음은 변화된 성조로 표기해요.

- 一 + 天 = 一天
  yī + tiān = yì tiān
- 一 + 年 = 一年
  yī + nián = yì nián
- 一 + 起 = 一起
  yī + qǐ = yìqǐ

'ㅡ'가 단독으로 또는 맨 끝에 쓰이거나 순서를 나타낼 때는 성조가 변하지 않아요.

- 十一
  11
  shíyī
- 第一课
  제1과
  dì yī kè
- 一月
  1월
  yī yuè

(4) '얼화(儿化)' 발음

'儿'의 원래 발음은 'ér'이지만, 다른 글자 뒤에 접미사로 쓰일 때는 한어 병음 'r'만 붙여 주고 혀를 말아서 발음해 주는데 이를 '얼화'라고 해요. 북방 지역 사람들은 특히 습관적으로 많은 단어를 '얼화'해서 발음해요. '儿'이 붙으면 작고 귀여운 느낌을 더해 주기도 하고, 단어의 뜻이 바뀌기도 하고, 품사가 바뀌기도 해요.

- 这 + 儿 = 这儿
  zhè + ér = zhèr 쩔
- 玩 + 儿 = 玩儿
  wán + ér = wánr 왈 – 발음할 때 n이 탈락함.
- 事 + 儿 = 事儿
  shì + ér = shìr 셜 – 발음할 때 i가 탈락하고 e가 추가됨.
- 盖 + 儿 = 盖儿
  gài + ér = gàir 깔 – 발음할 때 i가 탈락함.

※ 발음 규칙을 다 외우려고 하기보다는 문장 속에서 자연스럽게 익히는 게 가장 좋아요!
부담 갖지 말고, '이런 것이 있구나!' 정도로만 알고 넘어가면 돼요.

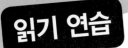
bōli	pòchǎn	mónǚ	fójiào
유리	파산하다	마녀	불교

déguó	tèpàiyuán	niúnǎi	lǎoshī

독일	특파원	우유	선생님

gēge	kělè	héshuǐ	jiā

오빠, 형	콜라	강물	집

qián	xīguā	zhìshāng	chìbǎng

돈	수박	IQ	날개

shítou	zìjǐ	cídiǎn	sì
돌	자기 자신	사전	숫자 4

1. 녹음을 듣고, 둘 중 해당하는 발음에 체크해 보세요. 음원 듣기 Test 06

(1) nǔsè ☐　　　　lǜsè ☐

(2) rìběn ☐　　　　lìběn ☐

(3) chīpàn ☐　　　　chīfàn ☐

(4) qǐchuáng ☐　　　cǐchuáng ☐

2. 녹음을 듣고, 둘 중 해당하는 발음에 체크해 보세요. 음원 듣기 Test 07

(1) gēn ☐　　　　gēr ☐

(2) wánr ☐　　　　wán ☐

(3) yīfu ☐　　　　yīfù ☐

(4) mèiměi ☐　　　mèimei ☐

3. 녹음을 듣고, 발음에 해당하는 성조와 운모를 함께 채워 보세요. 음원 듣기 Test 08

(1) b☐　q☐

(2) xu☐　x☐

(3) qi☐　ti☐n

(4) ch☐ng　g☐ng

4. 녹음을 듣고, 발음에 해당하는 한어 병음을 써 보세요. 음원 듣기 Test 09

(1) _____

(2) _____

숫자 표현

중국에서는 1부터 10까지의 숫자를 한 손으로 나타내요.

一 yī

二 èr

三 sān

四 sì

五 wǔ

六 liù

七 qī

八 bā

九 jiǔ

十 shí

잰말놀이∞

四是四，十是十，十四是十四，四十是四十。

sì shì sì, shí shì shí, shísì shì shísì, sìshí shì sìshí.

4는 4이고, 10은 10이고, 14는 14이고, 40은 40이다.

취직하다

상황 관찰하기

我被公司录取了！

상황 유나가 화장품 회사에 취직한 소식을 왕후이에게 전합니다.

 왕후이

 유나(로우나)

 등장인물

강의 보기

친아이 더, 워 뻬이 꽁쓰 루취 러!
亲爱的, 我被公司录取了!

쩐 더 마? 타이 하오 러! 꽁씨 니! 니 타이 씬쿠 러!
真的吗? 太好了! 恭喜你! 你太辛苦了!

스 션머 꽁쓰?
是什么公司?

스 이 지아 후아주앙핀 꽁쓰.
是一家化妆品公司。

짜오핀 티아오지앤 스 후이 슈어 한위, 넝 짜이 쯍구어 꽁쭈어.
招聘条件是会说汉语, 能在中国工作。

티앤 나! 씨앙 쭈어멍 이양! 나 니 마샹 라이 쯍구어 마?
天哪! 像做梦一样! 那你马上来中国吗?

부 스, 잉까이 씨앤 짜이 한구어 꽁쭈어 이뚜안 스지앤.
不是, 应该先在韩国工作一段时间。

션머스호우 카이스 샹빤?
什么时候开始上班?

씨아 거 씽치이. 워 하오 진짱 아.
下个星期一。我好紧张啊。

부용 진짱. 니 더 한위 쩌머 하오, 이딩 후이 쭈어 더 헌 하오 더!
不用紧张。你的汉语这么好, 一定会做得很好的!

헤헤, 씨에씨에 니 이즈 구리 워!
嘿嘿, 谢谢你一直鼓励我!

문장 익히기 ①

친아이 더, 워 뻬이 꽁쓰 루취 러!
亲爱的, 我被公司录取了!
Qīn'ài de, wǒ bèi gōngsī lùqǔ le!
자기야, 나 회사에 취직했어!

쩐 더 마? 타이 하오 러!
真的吗? 太好了!
Zhēn de ma? Tài hǎo le!
정말? 너무 잘됐다!

꽁씨 니! 니 타이 씬쿠 러!
恭喜你! 你太辛苦了!
Gōngxǐ nǐ! Nǐ tài xīnkǔ le!
축하해! 너 너무 고생 많았어!

亲爱的 qīn'ài de 자기야
被 bèi ~에게 당하다
公司 gōngsī 회사
录取 lùqǔ 채용하다
真的 zhēn de 정말
恭喜 gōngxǐ 축하하다
辛苦 xīnkǔ 고생(수고)하다
找到 zhǎodào 찾아내다
工作 gōngzuò 일, 일하다
家 jiā 기업을 세는 단위
大公司 dàgōngsī 대기업
录用 lùyòng 채용(고용)하다
棒 bàng 뛰어나다, 훌륭하다

---

1 회사에 취직하다

• 'A+被 bèi+B+동사'는 'A가 B에게 ~을 당하다'라는 문형이에요. '我被公司录取了! Wǒ bèi gōngsī lùqǔ le!'는 '나는 회사에 채용을 당했다!', 즉 '나 회사에 취직했다!'라는 뜻이죠. 취직과 관련된 다양한 표현도 함께 알아 두세요.

나 취직했어!
(나 일자리 구했어!)
我找到工作了!
Wǒ zhǎodào gōngzuò le!

나 대기업에 채용됐어!
我被一家大公司录用了!
Wǒ bèi yì jiā dàgōngsī lùyòng le!

나 (지원한 회사에서) 떨어졌어.
我没有被录取。
Wǒ méiyǒu bèi lùqǔ.

2 너무 ~하다

• '太 tài+형용사+了 le'는 '너무 ~하다'라는 뜻으로, 감탄하거나 정도가 지나칠 때 하는 표현이에요.

넌 정말 최고야!
你太棒了!
Nǐ tài bàng le!

'就业 jiùyè'는 '취직하다'라는 뜻의 동사인데, 중국인들은 '나 취직했어!'라는 말을 '我就业了! Wǒ jiùyè le!'라고 하지 않아요. '就业'가 문서에 어울리는 표현이기 때문이죠. 그래서 '就业率低。Jiùyèlǜ dī.(취업률이 낮다.)', '解决就业问题。Jiějué jiùyè wèntí.(취업 문제를 해결하다.)'와 같은 문장에 주로 쓰여요.

스 션머 꽁쓰?
是什么公司?
Shì shénme gōngsī?
무슨 회사야?

스 이 지아 후아주앙핀 꽁쓰.
是一家化妆品公司。
Shì yì jiā huàzhuāngpǐn gōngsī.
화장품 회사야.

짜오핀 티아오지앤 스 후이 슈어 한위,
招聘条件是会说汉语,
Zhāopìn tiáojiàn shì huì shuō Hànyǔ,
채용 조건은 중국어를 할 수 있어야 하고,

넝 짜이 쫑구어 꽁쭈어.
能在中国工作。
néng zài zhōngguó gōngzuò.
중국에서 일할 수 있어야 하는 거야.

什么 shénme 무엇, 무슨
化妆品 huàzhuāngpǐn 화장품
招聘 zhāopìn 초빙하다, 모집하다
条件 tiáojiàn 조건
会 huì ~할 수 있다
说 shuō 말하다
汉语 Hànyǔ 중국어
能 néng ~할 수 있다
在 zài ~에(서), ~에 있다
贸易 màoyì 무역

---

1 회사를 세는 단위

- 회사를 세는 양사는 '家 jiā'예요. 그래서 '한 화장품 회사'는 '一家化妆品公司 yì jiā huàzhuāngpǐn gōngsī'라고 말해요.

무슨 회사야? 是什么公司?
Shì shénme gōngsī?

무역 회사야. 是一家贸易公司。
Shì yì jiā màoyì gōngsī.

2 조동사 会, 能

- 조동사 '会 huì'와 '能 néng'은 모두 '~할 수 있다'라는 뜻이지만, 차이점이 있어요. '会 huì'는 '배워서 할 수 있는 것', '能 néng'은 '능력이나 조건이 갖추어져서 할 수 있는 것'을 말해요.

당신은 중국어를 할 수 있나요? 你会说汉语吗?
Nǐ huì shuō Hànyǔ ma?

당신은 중국에서 일할 수 있나요? 你能在中国工作吗?
Nǐ néng zài Zhōngguó gōngzuò ma?

- 중국에서 회사 취직을 위해 통과해야 할 단계는 다음과 같아요.

이력서 简历 → 서류 전형 基本资料审核 → 필기시험 笔试 → 면접 面试
jiǎnlì   jīběnzīliào shěnhé   bǐshì   miànshì

문장 익히기 ③

티앤 나!　씨앙 쭈어멍 이양!
天哪! 像做梦一样!
Tiān na! Xiàng zuòmèng yíyàng!
세상에! 꿈만 같아!

나 니　마샹 라이 쭝구어 마?
那你马上来中国吗?
Nà nǐ mǎshàng lái Zhōngguó ma?
그럼 너 바로 중국에 오는 거야?

부 스,　잉까이 씨앤 짜이 한구어 꽁쭈어 이뚜안 스지앤.
不是, 应该先在韩国工作一段时间。
Bú shì, yīnggāi xiān zài Hánguó gōngzuò yíduàn shíjiān.
아니, 먼저 한국에서 얼마 동안 일해야 해.

天哪 tiān na　세상에, 어머나
像 xiàng　마치 ~와 같다
做梦 zuòmèng　꿈을 꾸다
一样 yíyàng　같다
那 nà　그러면
马上 mǎshàng　곧, 즉시
应该 yīnggāi
　　　　　마땅히 ~해야 한다
先 xiān　먼저, 우선
一段 yíduàn　한 단락, 한 기간
时间 shíjiān　시간
回到 huídào　되돌아가다
话 huà　말
海外 hǎiwài　해외
国内 guónèi　국내

---

1 마치 ~와 같다

• '像 xiàng+A+一样 yíyàng'은 '마치 A와 같다'라는 문형이에요. '做梦 zuòmèng'은 '꿈을 꾸다'라는 뜻이므로 '像做梦一样! Xiàng zuòmèng yíyàng!'은 '마치 꿈을 꾸는 것 같다!'라는 의미예요.

마치 집에 온 것 같아요! **像回到家一样!**
　　　　　　　　　　　Xiàng huídào jiā yíyàng!

말하는 게 마치 중국인 같네요! **你说话像中国人一样!**
　　　　　　　　　　　　　　Nǐ shuō huà xiàng Zhōngguórén yíyàng!

---

2 조동사 应该 ①

• 조동사 '应该 yīnggāi'는 '마땅히 ~해야 한다'라는 의미예요. '一段时间 yíduàn shíjiān'은 '얼마간의 시간'이라는 뜻인데, 문장에서 시량 보어로 쓰여 동사 '工作 gōngzuò' 뒤에 위치했어요.

먼저 해외에서 얼마 동안 일해야 해. **应该先在海外工作一段时间。**
　　　　　　　　　　　　　　　Yīnggāi xiān zài hǎiwài gōngzuò yíduàn shíjiān.

먼저 국내에서 얼마 동안 일해야 해. **应该先在国内工作一段时间。**
　　　　　　　　　　　　　　　Yīnggāi xiān zài guónèi gōngzuò yíduàn shíjiān.

'天哪! Tiān na!'는 '세상에!'라는 감탄사죠? 감탄 표현으로 '谢天谢地 xiè tiān xiè dì'라는 말도 있는데요. '하늘에 감사하고 땅에 감사하다'라는 뜻으로, 천만다행인 상황에 쓸 수 있는 표현이에요.

션머스호우　카이스　샹빤?
什么时候开始上班?
Shénmeshíhou kāishǐ shàngbān?
언제부터 출근해?

씨아 거　씽치이.　워 하오 진짱　아.
下个星期一。我好紧张啊。
Xià ge xīngqīyī. Wǒ hǎo jǐnzhāng a.
다음 주 월요일. 나 정말 긴장돼.

什么时候 shénmeshíhou　언제
开始 kāishǐ　시작하다
上班 shàngbān　출근하다
下 xià　다음
个 ge　명, 개(단위)
星期一 xīngqīyī　월요일
紧张 jǐnzhāng　긴장하다
啊 a　문장 끝에서 감탄을 나타냄
研修 yánxiū　연수(하다)
休假 xiūjià　휴가(를 보내다)
累 lèi　피곤하다
烦 fán　답답하다, 번거롭다

1 언제부터 ~해?

- '什么时候开始 shénmeshíhou kāishǐ+동사?'는 '언제 ~하기 시작해?'라는 뜻인데요. 자연스럽게 '언제부터 ~해?'라고 풀이할 수 있어요.

언제부터 연수해요?　**什么时候开始研修?**
Shénmeshíhou kāishǐ yánxiū?

언제부터 휴가예요?　**什么时候开始休假?**
Shénmeshíhou kāishǐ xiūjià?

2 정말 ~하다!

- '好 hǎo+형용사+啊 a!'는 '정말 ~하다!'라는 표현이에요. 다양한 감정이나 상태를 나타내요.

정말 피곤해요!　**好累啊!**
Hǎo lèi a!

정말 짜증 나요!　**好烦啊!**
Hǎo fán a!

 아하!

'~해 죽겠다'라는 표현은 '형용사+死了 sǐ le'라고 하면 돼요. 격한 감정을 표현할 때 딱이죠. 그리고 형용사 '烦 fán'은 '답답하다', '짜증 나다', '귀찮다'라는 의미예요.

짜증 나(귀찮아) 죽겠어!　**烦死了!**
Fán sǐ le!

배고파 죽겠어!　**饿死了!**
È sǐ le!

문장 익히기 ⑤

부용 진짱. 니 더 한위 쩌머 하오,
不用紧张。你的汉语这么好,
Búyòng jǐnzhāng. Nǐ de Hànyǔ zhème hǎo,
긴장할 필요 없어. 너 중국어 이렇게 잘하는데,

이딩 후이 쭈어 더 헌 하오 더!
一定会做得很好的!
yídìng huì zuò de hěn hǎo de!
반드시 잘 해낼 거야!

헤헤, 씨에씨에 니 이즈 구리 워!
嘿嘿,谢谢你一直鼓励我!
Hēihēi, xièxie nǐ yìzhí gǔlì wǒ!
헤헤, 늘 나를 격려해 줘서 고마워!

不用 búyòng ～할 필요 없다
这么 zhème 이렇게
一定 yídìng 반드시, 꼭
会 huì ～할 것이다
做 zuò 하다
得 de 구조 조사
嘿嘿 hēihēi 헤헤(웃음소리)
一直 yìzhí 계속, 줄곧
鼓励 gǔlì 격려하다, 북돋우다
害怕 hàipà 두려워하다
能力 nénglì 능력
相信 xiāngxìn 믿다, 신뢰하다
优秀 yōuxiù 우수하다, 뛰어나다
员工 yuángōng 직원
强 qiáng 강하다, 좋다

---

1 ～할 필요 없다

- '不用 búyòng～'은 '～할 필요 없다'라는 표현이에요.

겁낼 필요 없어요! **不用害怕!**
　　　　　　　　　Búyòng hàipà!

- '一定会 yídìng huì～的 de'는 '반드시 ～할 것이다'라는 의미로, 문장 끝의 '的'는 강조의 어감을 주는 조사예요. '做得很好 zuò de hěn hǎo'는 정도 보어를 쓴 문장인데, 풀이하면 '하는 정도가 아주 좋다', 즉 '아주 잘한다'라는 뜻이에요.

너는 능력이 있잖아, 반드시 잘 해낼 거야! **你有能力,一定会做得很好的!**
　　　　　　　　　　　　　　　　　　　　Nǐ yǒu nénglì, yídìng huì zuò de hěn hǎo de!

2 늘 ～해 줘서 고마워요

- '一直 yìzhí'는 '계속해서', '줄곧'이라는 의미의 부사로, '谢谢你一直 xièxie nǐ yìzhí～'는 '늘 ～해 줘서 고마워요'라는 표현이에요.

늘 저를 믿어 줘서 고마워요! **谢谢你一直相信我!**
　　　　　　　　　　　　　　Xièxie nǐ yìzhí xiāngxìn wǒ!

우수한 직원을 칭찬하는 표현을 알아볼까요?

그는 우수한 직원이에요.　他是个优秀的员工。　　　그녀는 업무 능력이 아주 뛰어나요.　她工作能力很强。
　　　　　　　　　　　Tā shì ge yōuxiù de yuángōng.　　　　　　　　　　　　　　　*Tā gōngzuò nénglì hěn qiáng.*

핵심 패턴 연습하기 음원 듣기 1-2

➔ 빈칸에 다양한 표현을 넣어 큰 소리로 연습해 보세요.

~와 같아요

像 ☐ 一样!
Xiàng yíyàng!

真的 zhēn de 진짜	**假的** jiǎ de 가짜	**在家** zài jiā 집에 있다
在我身边 zài wǒ shēnbiān 내 곁에 있다	**妈妈做的** māma zuò de 엄마가 만든 것	

먼저 ~에서 얼마 동안 일해야 해요

应该先在 ☐ 工作一段时间。
Yīnggāi xiān zài gōngzuò yíduàn shíjiān.

香港 Xiānggǎng 샹강(홍콩)	**澳门** Àomén 마카오	**天津** Tiānjīn 톈진(천진)
上海 Shànghǎi 상하이(상해)	**厦门** Xiàmén 샤먼(하문)	

언제부터 ～해요?

什么时候开始 〔   〕 ?
Shénmeshíhou kāishǐ

| 播放 bōfàng 방송하다 | 进口 jìnkǒu 수입하다 | 出口 chūkǒu 수출하다 |

| 开会 kāihuì 회의하다 | 生产 shēngchǎn 생산하다 |

～할 필요 없어요

不用 〔   〕。
Búyòng

| 谢 xiè 감사하다 | 付钱 fù qián 돈 내다 | 排队 páiduì 줄 서다 |

| 担心 dānxīn 걱정하다 | 着急 zháojí 조급하다 |

뿜뿜 대화 체험하기

➔ 우리말 대본을 참고하여, 아래 영상에서 소리가 빈 부분을 중국어로 말해 보세요. 역할별로 두 번 재생됩니다.

QR코드를 찍으면
대화 체험용 영상을
볼 수 있습니다.

취직하다

유나 ▸ 자기야, 나 회사에 취직했어!

정말? 너무 잘됐다! 축하해! 너 너무 고생 많았어! ◂ 왕후이

무슨 회사야? ◂ 왕후이

유나 ▸ 화장품 회사야. 채용 조건은 중국어를 할 수 있어야 하고, 중국에서 일할 수 있어야 하는 거야.

세상에! 꿈만 같아! 그럼 너 바로 중국에 오는 거야? ◂ 왕후이

유나 ▸ 아니, 먼저 한국에서 얼마 동안 일해야 해.

언제부터 출근해? ◂ 왕후이

유나 ▸ 다음 주 월요일. 나 정말 긴장돼.

긴장할 필요 없어. 너 중국어 이렇게 잘하는데, 반드시 잘 해낼 거야! ◂ 왕후이

유나 ▸ 헤헤, 늘 나를 격려해 줘서 고마워!

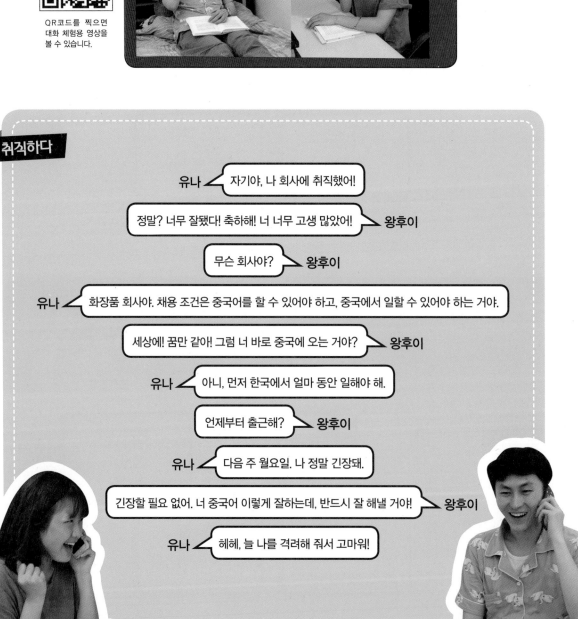

쏙쏙 문장 만들기

1. 우리말 대화를 보고, 중국어 문장을 완성해 보세요.

1) A: 나 회사에 취직했어!

我 _____!

B: 정말? 너무 잘됐다! 축하해!

_____ 吗? _____! _____ 你!

2) A: 언제부터 출근해?

_____ 上班?

B: 다음 주 월요일. 나 정말 긴장돼.

_____ 。我 _____ 啊!

2. 주어진 단어를 이용하여, 중국어 문장을 만들어 보세요.

1) 먼저 한국에서 얼마 동안 일해야 해.

先 / 韩国 / 在 / 一段时间 / 应该 / 工作
xiān / Hánguó / zài / yíduàn shíjiān / yīnggāi / gōngzuò

➡ _____

2) 반드시 잘 해낼 거야!

的 / 会 / 得 / 做 / 很 / 好 / 一定
de / huì / de / zuò / hěn / hǎo / yídìng

➡ _____

3) 늘 나를 격려해 줘서 고마워!

一直 / 你 / 我 / 鼓励 / 谢谢
yìzhí / nǐ / wǒ / gǔlì / xièxie

➡ _____

정답 1. 1) A: 被公司录取了 B: 真的, 太好了, 恭喜 2) A: 什么时候开始 B: 下个星期一, 好紧张
2. 1) 应该先在韩国工作一段时间。 2) 一定会做得很好的! 3) 谢谢你一直鼓励我!

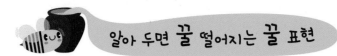

알아 두면 **꿀** 떨어지는 **꿀** 표현

중국어 능력이 필요한 회사에 지원하고 싶다면,

중국어로 자기소개를 준비하는 건 기본이겠죠?

자신의 상황에 맞게 작문하고 연습해서 자신 있게 뿜어내 보세요.

안녕하세요! 저는 김유나라고 합니다. 올해 스물네 살입니다.

你们好! 我叫金柔娜。今年二十四岁。
Nǐmen hǎo! Wǒ jiào Jīn Róunà. Jīnnián èrshísì suì.

저는 한국대학교를 졸업했습니다.

我毕业于韩国大学。
Wǒ bìyè yú Hánguó dàxué.

제 주전공은 중문이고, 제2전공(부전공)은 무역학입니다.

我的主修专业是中文, 第二专业是贸易学。
Wǒ de zhǔxiū zhuānyè shì zhōngwén, dì èr zhuānyè shì màoyìxué.

저는 베이징에서 1년 동안 공부했습니다.

我在北京学习了一年。
Wǒ zài Běijīng xuéxí le yì nián.

1년 동안 저는 중국어 실력을 키웠을 뿐 아니라, 다양한 경험을 했습니다.

一年之间, 我不仅提高了汉语水平, 还积累了很多经验。
Yì nián zhī jiān, wǒ bùjǐn tígāo le Hànyǔ shuǐpíng, hái jīlěi le hěn duō jīngyàn.

만약 귀사에서 저를 뽑아 주신다면, 저는 회사에 보답하도록 노력할 것입니다.

如果贵公司录取我的话, 我会努力回报公司。
Rúguǒ guì gōngsī lùqǔ wǒ de huà, wǒ huì nǔlì huíbào gōngsī.

여러분 감사합니다!

谢谢各位领导!
Xièxie gèwèi lǐngdǎo!

毕业 bìyè 졸업하다
于 yú ~에, ~에서
主修专业 zhǔxiū zhuānyè 주전공
不仅 bùjǐn ~일 뿐만 아니라
提高 tígāo 높이다
水平 shuǐpíng 수준
积累 jīlěi 쌓다
经验 jīngyàn 경험
回报 huíbào 보답하다
各位 gèwèi 여러분
领导 lǐngdǎo 지도자

중국 회사에 전화하다

请您让他给我回个电话。

상황 김 주임(유나)이 싱롱쇼핑센터에 전화를 걸어 장 주임을 찾습니다.

상황 관찰하기

강의 보기

등장인물   김 주임(유나, 메이샹화장품)

 중국 직원(싱롱쇼핑센터)

웨이, 니 하오! 쩌리 스 씽롱 꼬우우쫑씬 하이와이잉이에뿌.
喂，你好！这里是兴隆购物中心海外营业部。

니 하오! 워 스 한구어 메이시앙 후아주앙핀 더 찐 로우나.
你好！我是韩国美想化妆品的金柔娜。

칭원, 닌 자오 나 웨이?
请问，您找哪位？

워 자오 짱 주런.
我找张主任。

뿌하오이쓰, 타 부 짜이.
不好意思，他不在。

타 션머스호우 후이라이?
他什么时候回来？

타 커넝 찐티앤 씨아우 후이라이.
他可能今天下午回来。

칭 닌 랑 타 게이 워 후이 거 띠앤후아.
请您让他给我回个电话。

하오 더. 칭원, 닌 하이 요우 션머 쉬야오 주안까오 더 마?
好的。请问，您还有什么需要转告的吗？

메이요우 러, 씨에씨에!
没有了，谢谢！

문장 익히기 ❶

웨이, 니 하오! 쩌리 스 씽롱 꼬우우쭝씬
喂, 你好! 这里是兴隆购物中心
Wéi, nǐ hǎo! Zhèlǐ shì Xīnglóng gòuwùzhōngxīn
여보세요, 안녕하세요! 여기는 싱롱쇼핑센터

하이와이잉이에뿌.
海外营业部。
hǎiwàiyíngyèbù.
해외영업부입니다.

니 하오! 워 스 한구어
你好! 我是韩国
Nǐ hǎo! Wǒ shì Hánguó
안녕하세요! 저는 한국

메이시앙 후아주앙핀 더 찐 로우나.
美想化妆品的金柔娜。
Měixiǎng huàzhuāngpǐn de Jīn Róunà.
메이샹화장품의 김유나입니다.

喂 wéi 여보세요
兴隆购物中心 Xīnglóng gòuwùzhōngxīn 싱롱쇼핑센터
海外营业部 hǎiwàiyíngyèbù 해외영업부
美想化妆品 Měixiǎng huàzhuāngpǐn 메이샹화장품
金柔娜 Jīn Róunà 김유나(인명)
星星电子 Xīngxīng diànzǐ 씽씽전자
售后服务部 shòuhòufúwùbù 애프터서비스(AS)부
女神 nǚshén 여신
整形医院 zhěngxíng yīyuàn 성형외과
张敏英 Zhāng Mǐnyīng 장민영(인명)
称呼 chēnghu 부르다

---

1 전화 받기

- 전화를 받을 때는 '喂, 你好! Wéi, nǐ hǎo!'라고 친절하게 받아요. 이어서 회사명과 부서명을 말하는데, '这里是 Zhèlǐ shì~(여기는 ~입니다)'라는 형식으로 말해요.

여기는 씽씽전자 AS부입니다. **这里是星星电子售后服务部。**
Zhèlǐ shì Xīngxīng diànzǐ shòuhòufúwùbù.

---

2 신분 밝히기

- 상대 회사에 전화할 때는 먼저 자신의 소속과 이름을 말해야겠죠? '我是 wǒ shì+회사명+的 de+이름'의 형식으로 '저는 ○○회사의 ~입니다'라고 말하면 돼요.

저는 여신성형외과의 장민영입니다. **我是女神整形医院的张敏英。**
Wǒ shì nǚshén zhěngxíng yīyuàn de Zhāng Mǐnyīng.

- '先生 xiānsheng'과 '小姐 xiǎojiě'라는 호칭이 있는데요. '先生'은 남성을 부르는 호칭인 '미스터'와 같은 의미로 이해하면 돼요. '李先生 Lǐ xiānsheng'은 '미스터 리'죠. 그러나 '미스(아가씨)'라는 뜻의 '小姐'에는 여러 가지 의미가 있어 오해를 불러일으킬 수 있으므로 주의해서 써야 해요. 성인 여성을 높여 부를 때는 '女士 nǚshì(여사)'라고 부르는 게 더 예의 있는 표현이에요.

- 상대방의 호칭을 어떻게 불러야 할지 모를 때는 직접 '怎么称呼您? Zěnme chēnghu nín?(어떻게 당신을 부를까요?)'이라고 물어보세요.

문장 익히기 ❷

칭원,　닌 자오 나 웨이?
请问, 您找哪位?
Qǐngwèn, nín zhǎo nǎ wèi?
실례지만, 누구를 찾으십니까?

워 자오 짱　주런.
我找张主任。
Wǒ zhǎo Zhāng zhǔrèn.
저는 장 주임님을 찾습니다.

请问 qǐngwèn　실례합니다
找 zhǎo　찾다
哪 nǎ　어느
位 wèi　분, 명(단위)
张 Zhāng　장(성씨)
主任 zhǔrèn　주임
王 Wáng　왕(성씨)
经理 jīnglǐ　책임자, 팀장

---

1 전화로 사람 찾기

- '您找哪位? Nín zhǎo nǎ wèi?'는 '어느 분을 찾으십니까?'라고 물어보는 말로, '您找谁? Nín zhǎo shéi?(누구를 찾으십니까?)'와 같은 표현이에요. '～을 찾습니다.'는 '我找～。Wǒ zhǎo~.'라고 해요. 또, '～在吗? ~zài ma?(～계십니까?)'라고도 물어볼 수 있어요.

저는 왕 팀장님을 찾아요.	我找王经理。	왕 팀장님 계십니까?	王经理在吗?
	Wǒ zhǎo Wáng jīnglǐ.		Wáng jīnglǐ zài ma?

2 중국 회사의 직급

- 중국 회사의 직급은 우리나라 회사의 직급과 명칭 및 개념이 조금 달라요.

总裁 zǒngcái	회장	董事长 dǒngshìzhǎng	이사장
董事 dǒngshì	이사	总经理 zǒngjīnglǐ	사장 또는 총지배인
经理 jīnglǐ	부장 또는 팀장 (한 부서의 책임자)	主任 zhǔrèn	주임 (한 파트의 책임자)
员工(职员) yuángōng(zhíyuán)	직원	实习生 shíxíshēng	인턴

- 한국인이 가장 오해하기 쉬운 직급이 바로 '经理 jīnglǐ(경리)'와 '主任 zhǔrèn(주임)'인데요. 중국 회사 내에서 '经理'는 한 부서의 책임자인 부장이나 팀장 직급을 가리키거나 한 기업의 책임자를 말하기도 해요. 또, '主任 zhǔrèn'은 한 파트의 책임자를 나타내는 직급으로, 정부 기관일 경우 한 부문의 총괄 책임자를 나타내므로 우리나라 회사 내의 '주임'보다 훨씬 높은 직급이라고 할 수 있어요. 우리나라식의 직급 호칭은 '숲长 huìzhǎng(회장)', '社长 shèzhǎng(사장)', '部长 bùzhǎng(부장)', '组长 zǔzhǎng(팀장)', '代理 dàilǐ(대리)'라고 해요. 한국과 오래 거래한 중국 회사라면 한국 직급으로 말해도 이해해요.

- 직원을 '职员 zhíyuán' 또는 '员工 yuángōng'이라고 하는데, '职员'은 사무직 직원을 가리키고, 사무직을 포함한 모든 현장에서 일하는 직원을 '员工'이라고 해요.

문장 익히기 ❸

뿌하오이쓰,　　　타 부 짜이.
不好意思，他不在。
Bùhǎoyìsi, tā bú zài.
죄송하지만, 자리에 안 계십니다.

타　선머스호우　후이라이?
他什么时候回来?
Tā shénmeshíhou huílái?
그는 언제 오시나요?

不好意思 bùhǎoyìsi 죄송합니다
回来 huílái 돌아오다
开会 kāihuì 회의를 하다
出差 chūchāi 출장 가다
下班 xiàbān 퇴근하다
对不起 duìbuqǐ 미안합니다
给 gěi ~에게, ~을 주다
添 tiān 보태다, 더하다
麻烦 máfan 귀찮다, 성가시다
抱歉 bàoqiàn 죄송합니다
打扰 dǎrǎo 방해하다
带来 dàilái 가져오다
不便 búbiàn 불편하다

---

1 죄송합니다

• 찾는 사람이 자리에 없을 때는 가벼운 사과의 의미를 담아 '不好意思。Bùhǎoyìsi.'라고 말해요. 찾는 사람이 본인일 경우에는 '我就是。Wǒ jiù shì.(바로 접니다.)'라고 대답해요.

죄송하지만, 그는 회의 중입니다.　　**不好意思，他在开会。**
　　　　　　　　　　　　　　　　Bùhǎoyìsi, tā zài kāihuì.

죄송하지만, 그는 출장 가셨습니다.　**不好意思，他出差了。**
　　　　　　　　　　　　　　　　Bùhǎoyìsi, tā chūchāi le.

2 언제 ~해요?

• '什么时候 shénmeshíhou+동사?'는 '언제 ~해요?'라는 표현이에요.

그는 언제 출근하시나요?　**他什么时候上班?**
　　　　　　　　　　　　Tā shénmeshíhou shàngbān?

그는 언제 퇴근하시나요?　**他什么时候下班?**
　　　　　　　　　　　　Tā shénmeshíhou xiàbān?

일반적인 사과 표현은 '对不起! Duìbuqǐ!'예요. 진지한 상황에서 죄송함을 표시할 때는 '抱歉! Bàoqiàn!'이라고 말해요.

번거롭게 해서 죄송합니다.　对不起，给您添麻烦了。
　　　　　　　　　　　　Duìbuqǐ, gěi nín tiān máfan le.

성가시게 해서 죄송합니다.　很抱歉打扰您了。
　　　　　　　　　　　　Hěn bàoqiàn dǎrǎo nín le.

불편을 끼쳐 죄송합니다.　很抱歉给您带来不便。
　　　　　　　　　　　　Hěn bàoqiàn gěi nín dàilái búbiàn.

문장 익히기 ❹

타 커넝 찐티앤 씨아우 후이라이.
他可能今天下午回来。
Tā kěnéng jīntiān xiàwǔ huílái.
그는 아마도 오늘 오후에 오실 겁니다.

칭 닌 랑 타 게이 워 후이 거 띠앤후아.
请您让他给我回个电话。
Qǐng nín ràng tā gěi wǒ huí ge diànhuà.
그분께 저한테 전화 주시라고 해 주세요.

可能 kěnéng 아마도
下午 xiàwǔ 오후
请 qǐng 요청하다, 부탁하다
让 ràng ～하게 하다
回 huí 돌아가다, 돌아오다
电话 diànhuà 전화
上午 shàngwǔ 오전
发 fā 보내다
邮件 yóujiàn 메일
准备 zhǔnbèi 준비하다
会议 huìyì 회의
资料 zīliào 자료

---

1 아마도

- '可能 kěnéng'은 부사로 '아마도'라는 뜻으로, 추측할 때 하는 표현이에요.

그는 아마도 내일 오전에 오실 겁니다.　**他可能明天上午回来。**
Tā kěnéng míngtiān shàngwǔ huílái.

그는 아마도 오늘 안 오실 겁니다.　**他可能今天不回来。**
Tā kěnéng jīntiān bù huílái.

---

2 전달하기

- '让 ràng'은 '～에게 ～하게 하다'라는 의미이므로, '请您让 qǐng nín ràng+A+B'는 'A에게 B해 달라고 해 주세요'라는 표현이에요. '给我回个电话。gěi wǒ huí ge diànhuà.'는 '나에게 전화를 (회신)해 주세요.'라는 뜻이에요.

그에게 저한테 메일 보내 달라고 해 주세요.　**请您让他给我发邮件。**
Qǐng nín ràng tā gěi wǒ fā yóujiàn.

그녀에게 회의 자료를 준비하라고 해 주세요.　**请您让她准备会议资料。**
Qǐng nín ràng tā zhǔnbèi huìyì zīliào.

'전화를 걸다'는 '打电话 dǎ diànhuà', '전화를 받다'는 '接电话 jiē diànhuà', '전화를 끊다'는 '挂电话 guà diànhuà', '전화를 회신하다'는 '回电话 huí diànhuà'라고 해요.

왕 팀장에게 전화 받으라고 해 주세요.　请您让王经理接电话。
Qǐng nín ràng Wáng jīnglǐ jiē diànhuà.

문장 익히기 ⑤

하오 더.
好的。
Hǎo de.
알겠습니다.

칭원，　닌 하이 요우 션머　쉬야오 주안까오 더 마?
请问, 您还有什么需要转告的吗?
Qǐngwèn, nín hái yǒu shénme xūyào zhuǎngào de ma?
실례지만, 더 뭐 전달하실 것이 있나요?

메이요우 러，　씨에씨에!
没有了, 谢谢!
Méiyǒu le, xièxie!
없습니다, 감사합니다!

还 hái　또, 더, 그리고
需要 xūyào　필요하다
转告 zhuǎngào　전달하다
补充 bǔchōng　보충하다
注意 zhùyì　주의하다
帮 bāng　돕다
留言 liúyán　말을 남기다
预约 yùyuē　예약(하다)

---

1 **필요한 것 묻기**

• '还有什么 hái yǒu shénme+A+吗 ma?'는 '더(또) 무슨 A가 있나요?'라는 뜻이에요. 이때 '什么'는 '뭐(무슨)'에 해당하는 말로, 습관적으로 붙여 주는 표현이에요. '需要转告的 xūyào zhuǎngào de'는 '전달이 필요한 것', 즉 '전달할 것'이라고 풀이하면 돼요.

더 뭐 보충해야 할 것이 있으세요?
您还有什么需要补充的吗?
Nín hái yǒu shénme xūyào bǔchōng de ma?

제가 더 뭐 주의해야 할 것이 있나요?
我还有什么需要注意的吗?
Wǒ hái yǒu shénme xūyào zhùyì de ma?

---

2 **전화 끊기**

• 더 전달할 사항이 없을 때는 '没有了。Méiyǒu le.'라고 대답해요. 문장 끝의 了는 '변화'를 의미하는 조사로, '(이제는) 없습니다.'라는 뜻이에요.

'您需要什么? Nín xūyào shénme?'는 '뭐가 필요하세요?'라는 뜻으로, 음식점이나 상점에 갔을 때 많이 들을 수 있는 말이에요. 전화 응대할 때 '需要帮您 xūyào bāng nín+A+吗 ma?(A하도록 도와 드릴까요?)'로 상대방이 필요로 하는 것을 질문해 보세요.

메모 남겨 드릴까요?　　需要帮您留言吗?　　　　　예약해 드릴까요?　　需要帮您预约吗?
　　　　　　　　　　　Xūyào bāng nín liúyán ma?　　　　　　　　　　　Xūyào bāng nín yùyuē ma?

➔ 빈칸에 다양한 표현을 넣어 큰 소리로 연습해 보세요.

여기는 씽씽전자 ~부입니다

这里是星星电子 ☐ 。
Zhèlǐ shì Xīngxīng diànzǐ

人事部
rénshìbù
인사부

财务部
cáiwùbù
재무부

宣传部
xuānchuánbù
홍보부

市场部
shìchǎngbù
마케팅부

开发部
kāifābù
개발부

저는 메이샹화장품의 ~입니다

我是美想化妆品的 ☐ 。
Wǒ shì Měixiǎng huàzhuāngpǐn de

韩孝周
Hán Xiàozhōu
한효주

朴叙俊
Piáo Xùjùn
박서준

林允儿
Lín Yǔn'ér
임윤아

安宰贤
Ān Zǎixián
안재현

李智恩
Lǐ Zhì'ēn
이지은

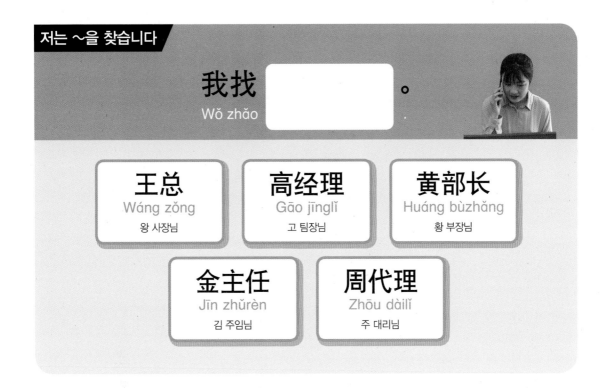

我找 _____ 。
Wǒ zhǎo

王总 Wáng zǒng 왕 사장님	**高经理** Gāo jīnglǐ 고 팀장님	**黄部长** Huáng bùzhǎng 황 부장님
金主任 Jīn zhǔrèn 김 주임님	**周代理** Zhōu dàilǐ 주 대리님	

您需要 _____ 吗?
Nín xūyào _____ ma?

菜单 càidān 메뉴판	**饮料** yǐnliào 음료	**发票** fāpiào 영수증
帮助 bāngzhù 도움	**资料** zīliào 자료	

뿜뿜 대화 체험하기

➜ 우리말 대본을 참고하여, 아래 영상에서 소리가 빈 부분을 중국어로 말해 보세요.

중국 회사에 전화하다

중국 직원 — 여보세요, 안녕하세요! 여기는 싱롱쇼핑센터 해외영업부입니다.

안녕하세요! 저는 한국 메이샹화장품의 김유나입니다. — 김 주임

중국 직원 — 실례지만, 누구를 찾으십니까?

저는 장 주임님을 찾습니다. — 김 주임

중국 직원 — 죄송하지만, 자리에 안 계십니다.

그는 언제 오시나요? — 김 주임

중국 직원 — 그는 아마도 오늘 오후에 오실 겁니다.

그분께 저한테 전화 주시라고 해 주세요. — 김 주임

중국 직원 — 알겠습니다. 실례지만, 더 뭐 전달하실 것이 있나요?

없습니다, 감사합니다! — 김 주임

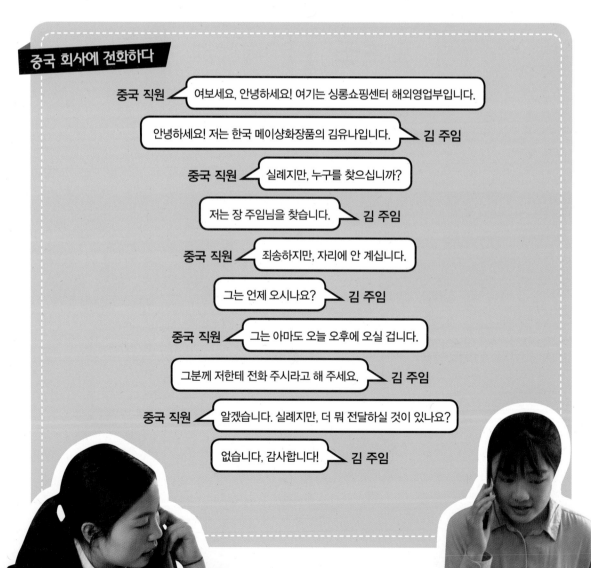

쏙쏙 문장 만들기

1. 우리말 대화를 보고, 중국어 문장을 완성해 보세요.

 1) A: 실례지만, 누구를 찾으십니까?

   _____, 您_____?

 B: 저는 장 주임님을 찾습니다.

   我_____。

 2) A: 죄송하지만, 자리에 안 계십니다.

   _____, 他_____?

 B: 그는 언제 오시나요?

   他_____?

2. 주어진 단어를 이용하여, 중국어 문장을 만들어 보세요.

 1) 그는 아마도 오늘 오후에 오실 겁니다.

   回来 / 可能 / 下午 / 他 / 今天
   huílái　kěnéng　xiàwǔ　tā　jīntiān

   ➡ _____

 2) 그분께 저한테 전화 주시라고 해 주세요.

   给 / 回 / 让 / 他 / 电话 / 我 / 您 / 个 / 请
   gěi　huí　ràng　tā　diànhuà　wǒ　nín　ge　qǐng

   ➡ _____

 3) 더 뭐 전달하실 것이 있나요?

   您 / 吗 / 什么 / 的 / 转告 / 需要 / 还 / 有
   nín　ma　shénme　de　zhuǎngào　xūyào　hái　yǒu

   ➡ _____

정답 1. 1) A: 请问, 找哪位　B: 找张主任　2) A: 不好意思, 不在　B: 什么时候回来
　　2. 1) 他可能今天下午回来。　2) 请您让他给我回个电话。　3) 您还有什么需要转告的吗?

알아 두면 꿀 떨어지는 꿀 표현

다음은 중국어로 전화 통화를 할 때 자주 하는 표현들이에요.

죄송하지만, 전화를 잘못 거셨습니다.
不好意思，您打错了。
Bùhǎoyìsi, nín dǎcuò le.

내선 108번으로 돌려 주세요.
请转108。
Qǐng zhuǎn yāo líng bā.

왕 팀장님께 전화를 돌려 드릴게요.
我把电话转给王经理。
Wǒ bǎ diànhuà zhuǎn gěi Wáng jīnglǐ.

통화 중입니다.
电话占线。
Diànhuà zhànxiàn.

잠시만 기다려 주세요.
请稍等一下。
Qǐng shāo děng yíxià.

다시 한번 말씀해 주시겠습니까?
请您再说一遍，好吗?
Qǐng nín zài shuō yí biàn, hǎo ma?

아무도 전화를 안 받습니다.
没人接电话。
Méi rén jiē diànhuà.

좀 천천히 말씀해 주시겠습니까?
请您慢点儿说，好吗?
Qǐng nín màn diǎnr shuō, hǎo ma?

打错 dǎcuò 잘못 걸다
转 zhuǎn 돌리다
占线 zhànxiàn 통화 중이다
遍 biàn 번(단위)

방문 약속을 잡다

상황 관찰하기

下周一我打算去
贵公司访问。

상황 김 주임이 싱롱쇼핑센터의 장 주임에게 중국 방문 일정을 알립니다.

김 주임

장 주임(싱롱쇼핑센터)

등장인물

강의 보기

찐 주런! 닌 요우 션머 스?
金主任! 您有什么事?

씨아 쪼우이 워 다쑤안 취 꾸이 꽁쓰 팡원.
下周一我打算去贵公司访问。

칭원, 지 디앤 더 페이찌?
请问, 几点的飞机?

리양 디앤 치페이, 쫑구어 스지앤 씨아우 싼 디앤 따오 션양 찌창.
两点起飞, 中国时间下午三点到沈阳机场。

하오. 나 워 싼 디앤 따오 찌창 찌에 닌.
好。那我三点到机场接您。

씨에씨에!
谢谢!

칭원, 이꽁 지 거 런?
请问, 一共几个人?

리양 거 런. 워 허 찡리 이치 취.
两个人。我和经理一起去。

하오, 씨아 쪼우이 찌앤!
好, 下周一见!

따오 스호우 찌앤!
到时候见!

문장 익히기 ①

찐 주런!　　닌 요우 션머 스?
金主任! 您有什么事?
Jīn zhǔrèn! Nín yǒu shénme shì?
김 주임님! 무슨 일이세요?

씨아 쪼우이 워 다쑤안 취 꾸이 꽁쓰　 팡원.
下周一我打算去贵公司访问。
Xià zhōuyī wǒ dǎsuàn qù guì gōngsī fǎngwèn.
다음 주 월요일에 저는 귀사에 방문하려고 해요.

事 shì　일
周一 zhōuyī　월요일
打算 dǎsuàn　~할 계획이다, 계획
贵 guì　귀하다, (가치가) 높다
访问 fǎngwèn　방문(하다)
急事 jíshì　급한 일
工厂 gōngchǎng　공장
周三 zhōusān　수요일
商铺 shāngpù　상점, 점포
方便 fāngbiàn　편리하다
微信 wēixìn　위챗

1 용건 묻기

• '您有什么事? Nín yǒu shénme shì?'은 '무슨 일이세요?'라는 뜻으로, 용건을 묻는 표현이에요. 문장 끝에 의문 조사 '吗 ma'를 붙여서 '您有什么事吗? Nín yǒu shénme shì ma?(무슨 일이 있으세요?)' 라고도 물을 수 있어요.

무슨 급한 일이 있으세요?　**您有什么急事吗?**
Nín yǒu shénme jíshì ma?

2 방문 일정 말하기

• '下周一 xià zhōuyī'는 '下星期一 xià xīngqīyī'와 같은 말로, '다음 주 월요일'이라는 뜻이에요. '~에 방문할 예정입니다'라는 표현은 '打算去 dǎsuàn qù+장소+访问 fǎngwèn'으로 해요. 그리고 상대방 의 회사를 말할 때는 존중의 표현으로 '贵 guì'를 붙여서 '贵公司 guì gōngsī'라고 말하는 게 좋아요.

내일 저는 공장에 방문하려고 해요.　　**明天我打算去工厂访问。**
Míngtiān wǒ dǎsuàn qù gōngchǎng fǎngwèn.

다음 주 수요일에 저는 매장에 방문하려고 해요.　**下周三我打算去商铺访问。**
Xià zhōusān wǒ dǎsuàn qù shāngpù fǎngwèn.

상대방에게 전화나 SNS로 대화를 걸기 전에 대화가 가능한 상황인지 물어보는 게 예의죠? 그럴 때 가장 많이 하는 말은 '方便吗? fāngbiàn ma?(괜찮으세요?)'라는 표현이에요. '可以吗? kěyǐ ma?(할 수 있어요?)'보다 더 자주 쓰여요.

전화 통화 괜찮으세요?　**你方便打电话吗?**　　　　위챗하는 것 괜찮으세요?　**你方便微信吗?**
　　　　　　　　　Nǐ fāngbiàn dǎ diànhuà ma?　　　　　　　　　　　　Nǐ fāngbiàn wēixìn ma?

문장 익히기 ❷

칭원,　　지 디앤 더 페이찌?
请问，几点的飞机?
Qǐngwèn, jǐ diǎn de fēijī?
실례지만, 몇 시 비행기인가요?

리양 디앤 치페이,　쫑구어 스지앤
两点起飞，中国时间
Liǎng diǎn qǐfēi, Zhōngguó shíjiān
두 시에 이륙해서요, 중국 시각으로

씨아우　싼 디앤 따오 션양　찌창.
下午三点到沈阳机场。
xiàwǔ sān diǎn dào Shěnyáng jīchǎng.
오후 3시에 심양 공항에 도착해요.

- 飞机 fēijī 비행기
- 两 liǎng 둘
- 起飞 qǐfēi 이륙하다
- 时间 shíjiān 시간
- 到 dào 도달하다, 도착하다
- 沈阳 Shěnyáng 선양(심양)
- 机场 jīchǎng 공항
- 出发 chūfā 출발하다
- 到达 dàodá 도착하다, 도달하다
- 天津 Tiānjīn 톈진(천진)
- 中午 zhōngwǔ 점심
- 仁川 Rénchuān 인천
- 正点 zhèngdiǎn 정시
- 晚点 wǎndiǎn 연착하다
- 取消 qǔxiāo 취소하다

1 출발·도착 시각 묻기

- '几点的飞机? Jǐ diǎn de fēijī?'는 '몇 시의 비행기입니까?'라는 뜻이에요. 출발·도착 시각을 물을 때는 '几点 jǐ diǎn+동사?'를 써서 '몇 시에 ~해요?'라고 물어요.

몇 시에 출발하세요?	几点出发?	몇 시에 도착하세요?	几点到达?
	Jǐ diǎn chūfā?		Jǐ diǎn dàodá?

2 도착 시각 말하기

- 한국과 중국은 1시간의 시차가 있기 때문에 비행기 도착 시각을 말할 때는 도착지 시각을 기준으로 말해야 해요. '到 dào+장소'는 '~에 도착하다'라는 의미예요.

중국 시각으로 오전 9시에 톈진 공항에 도착해요.
中国时间上午九点到天津机场。
Zhōngguó shíjiān shàngwǔ jiǔ diǎn dào Tiānjīn jīchǎng.

한국 시각으로 점심 12시에 인천 공항에 도착해요.
韩国时间中午十二点到仁川机场。
Hánguó shíjiān zhōngwǔ shí'èr diǎn dào Rénchuān jīchǎng.

출장 시에는 비행기 연착이나 항공편 취소 등의 돌발 상황도 생기기 마련인데요. 상황의 변화를 상대방에게 빨리 연락해 주는 게 예의겠죠?

비행기는 정시에 도착해요.	비행기가 연착되었어요.	항공편이 취소되었어요.
飞机正点到达。	飞机晚点了。	航班被取消了。
Fēijī zhèngdiǎn dàodá.	Fēijī wǎndiǎn le.	Hángbān bèi qǔxiāo le.

문장 익히기 3

하오.　나 워 싼 디앤 따오 찌창 찌에 닌.
好。那我三点到机场接您。
Hǎo. Nà wǒ sān diǎn dào jīchǎng jiē nín.
네. 그럼 제가 3시에 공항으로 마중 가겠습니다.

씨에씨에!
谢谢!
Xièxie!
감사합니다!

到 dào	～로, ～까지
接 jiē	마중하다
早上 zǎoshang	아침
酒店 jiǔdiàn	호텔
客人 kèrén	손님
现在 xiànzài	지금
号 hào	번, 번호
出口 chūkǒu	출구
等 děng	기다리다
举 jǔ	들어 올리다
牌子 páizi	팻말, 상표
入口 rùkǒu	입구
停车场 tíngchēchǎng	주차장

---

1 마중하다

- '到 dào+장소+接 jiē+대상'은 '～로 ～을 마중 가다'라는 표현이에요. 이때 '到 dào'는 전치사로 쓰여 '～로'라는 뜻이에요. 손님을 마중할 때는 시간과 장소를 정확히 정해서 혼동이 생기지 않도록 해야 해요.

제가 아침 8시에 호텔로 당신을 마중하러 가겠습니다.
我早上八点到酒店接您。
Wǒ zǎoshang bā diǎn dào jiǔdiàn jiē nín.

제가 오후 5시에 공항으로 손님을 마중하러 가겠습니다.
我下午五点到机场接客人。
Wǒ xiàwǔ wǔ diǎn dào jīchǎng jiē kèrén.

'～에서 당신을 기다리다'라는 표현은 '在 zài+장소+等您 děng nín'이라고 해요.

저는 지금 8번 출구에서 당신을 기다립니다.	我现在在八号出口等您。 *Wǒ xiànzài zài bā hào chūkǒu děng nín.*
제가 팻말을 들고 입구에서 당신을 기다리겠습니다.	我会举个牌子在入口等您。 *Wǒ huì jǔ ge páizi zài rùkǒu děng nín.*
제가 주차장에서 당신을 기다리겠습니다.	我会在停车场等您。 *Wǒ huì zài tíngchēchǎng děng nín.*

문장 익히기 ❹

칭원, 이꽁 지 거 런?

请问，一共几个人?
Qǐngwèn, yígòng jǐ ge rén?

실례지만, 모두 몇 명이시죠?

리양 거 런. 워 허 찡리 이치 취.

两个人。我和经理一起去。
Liǎng ge rén. Wǒ hé jīnglǐ yìqǐ qù.

두 명이에요. 저와 팀장님이 같이 갑니다.

一共 yígòng 모두, 전부
和 hé ~와(과)
一起 yìqǐ 같이, 함께
总经理 zǒngjīnglǐ 총책임자, 사장
待 dāi 머물다, 체류하다
天 tiān 하루, 날, 일
夜 yè 밤

---

1 동행 말하기

- 출장 일정을 말할 때는 함께 가는 인원에 대한 정보를 주는 것이 좋겠죠? '和 hé+대상+一起去 yìqǐ qù'는 '~와 함께 갑니다'라는 표현이에요.

실례지만, 혼자 오시나요?

请问，您一个人来吗?
Qǐngwèn, nín yí ge rén lái ma?

두 명이에요. 저와 사장님이 같이 갑니다.

两个人。我和总经理一起去。
Liǎng ge rén. Wǒ hé zǒngjīnglǐ yìqǐ qù.

- 출장으로 며칠을 머물 것인지 미리 전달해 주는 것도 좋아요.

실례지만, 심양에는 며칠 계실 예정인가요?

请问，您会在沈阳待几天?
Qǐngwèn, nín huì zài Shěnyáng dāi jǐ tiān?

저는 심양에 4일 있을 예정이에요.

我会在沈阳待四天。
Wǒ huì zài Shěnyáng dāi sì tiān.

'3박 4일'을 중국어로 표현하면 '四天三夜 sì tiān sān yè(4일 3박)'예요. '2박 3일'은 '三天两夜 sān tiān liǎng yè', '1박 2일'은 '两天一夜 liǎng tiān yí yè'라고 하죠.

한국에는 몇 박 며칠 계실 거예요? 您会在韩国待几天几夜?
　　　　　　　　　　　　　　　Nín huì zài Hánguó dāi jǐ tiān jǐ yè?

한국에 2박 3일 있을 거예요. 我会在韩国待三天两夜。
　　　　　　　　　　　　　　Wǒ huì zài Hánguó dāi sān tiān liǎng yè.

문장 익히기 ⑤

하오, 씨아 쪼우이 찌앤!
好，下周一见!
Hǎo, xià zhōuyī jiàn!
네, 다음 주 월요일에 봅시다!

따오 스호우 찌앤!
到时候见!
Dào shíhou jiàn!
그때 봬요!

到时候 dào shíhou 그때 가서
一会儿 yíhuìr 잠시
如果 rúguǒ 만약, 만일
日程 rìchéng 일정
变更 biàngēng 변경하다
的话 de huà ～하다면, ～이면
再次 zàicì 재차, 거듭
联系 liánxì 연락하다
突然 tūrán 갑자기
(一)些 (yì)xiē 약간, 조금
可以 kěyǐ 할 수 있다, 해도 된다
改天 gǎitiān 다른 날
怎么样 zěnmeyàng 어때요?

---

1 마무리 인사하기

- 전화 통화를 마무리하며 '～에 봅시다!'라고 인사할 때는 '시간+见 jiàn!'이라고 말하면 돼요. '到 dào'는 '도착하다'이고 '时候 shíhou'는 '～때'이므로 '到时候 dào shíhou'는 '(도착하는) 그때'라고 풀이해요.

오후에 봐요! **下午见!**
Xiàwǔ jiàn!

좀 이따 봐요! **一会儿见!**
Yíhuìr jiàn!

피치 못할 사정으로 약속을 변경하거나 취소해야 한다면, 정중하게 사과하고 다시 약속 시각을 정해야 하는데요. 그럴 때 하는 표현을 알아볼까요?

만약에 일정이 변경되면, 다시 연락 드리겠습니다.
如果日程有变更的话，我会再次联系您。
Rúguǒ rìchéng yǒu biàngēng de huà, wǒ huì zàicì liánxì nín.

정말 죄송합니다. 회사에 급한 일이 생겨서요, 다른 날 방문해도 될까요?
真抱歉。公司里突然有些急事，我可以改天访问吗?
Zhēn bàoqiàn. Gōngsīli tūrán yǒu xiē jíshì, wǒ kěyǐ gǎitiān fǎngwèn ma?

다음 주 수요일은 어떻습니까?
下周三怎么样?
Xià zhōusān zěnmeyàng?

→ 빈칸에 다양한 표현을 넣어 큰 소리로 연습해 보세요.

～에 귀사에 방문하려고 해요

我打算去贵公司访问。
wǒ dǎsuàn qù guì gōngsī fǎngwèn.

明天 míngtiān 내일	**后天** hòutiān 모레	**这星期五** zhè xīngqīwǔ 이번 주 금요일

这个月底 zhè ge yuèdǐ 이번 달 말	**下个月初** xià ge yuèchū 다음 달 초

중국 시각으로 ～에 공항에 도착해요

中国时间 ⬚ **到机场。**
Zhōngguó shíjiān　　　　dào jīchǎng.

早上七点 zǎoshang qī diǎn 아침 7시	**上午十点** shàngwǔ shí diǎn 오전 10시	**中午十二点** zhōngwǔ shí'èr diǎn 점심 12시

晚上八点 wǎnshang bā diǎn 저녁 8시	**凌晨四点** língchén sì diǎn 새벽 4시

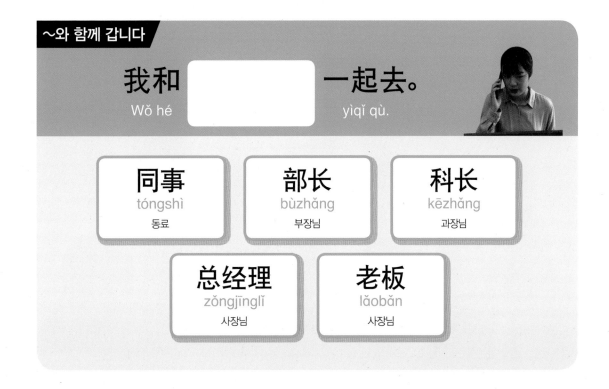

~에 공항으로 마중 가겠습니다

我 [   ] 到机场接您。
Wǒ　　　　 dào jīchǎng jiē nín.

十二点	一点	两点
shí'èr diǎn	yī diǎn	liǎng diǎn
12시	1시	2시

三点	四点
sān diǎn	sì diǎn
3시	4시

~와 함께 갑니다

我和 [   ] 一起去。
Wǒ hé　　　　 yìqǐ qù.

同事	部长	科长
tóngshì	bùzhǎng	kēzhǎng
동료	부장님	과장님

总经理	老板
zǒngjīnglǐ	lǎobǎn
사장님	사장님

뿜뿜 대화 체험하기

➡ 우리말 대본을 참고하여, 아래 영상에서 소리가 빈 부분을 중국어로 말해 보세요.

방문 약속을 잡다

장 주임 ⮜ 김 주임님! 무슨 일이세요?

다음 주 월요일에 저는 귀사에 방문하려고 해요. ⮞ 김 주임

장 주임 ⮜ 실례지만, 몇 시 비행기인가요?

두 시에 이륙해서요, 중국 시각으로 오후 3시에 심양 공항에 도착해요. ⮞ 김 주임

장 주임 ⮜ 네. 그럼 제가 3시에 공항으로 마중 가겠습니다.

감사합니다! ⮞ 김 주임

장 주임 ⮜ 실례지만, 모두 몇 명이시죠?

두 명이에요. 저와 팀장님이 같이 갑니다. ⮞ 김 주임

장 주임 ⮜ 네, 다음 주 월요일에 봅시다!

그때 봬요! ⮞ 김 주임

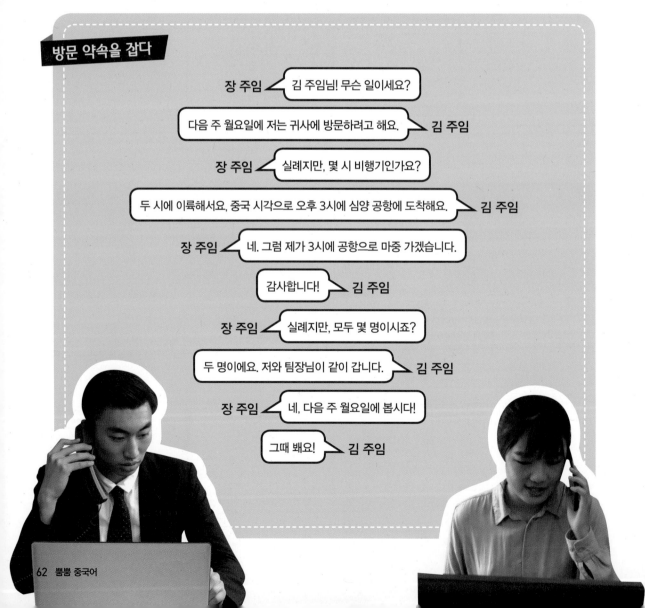

쓱쓱 문장 만들기

1. 우리말 대화를 보고, 중국어 문장을 완성해 보세요.

   1) A: 실례지만, 모두 몇 명이시죠?

      请问, _____ ?

      B: 두 명이에요. 저와 팀장님이 같이 갑니다.

      _____ 。我 _____ 。

   2) A: 네, 다음 주 월요일에 봅시다!

      好, _____ !

      B: 그때 봬요!

      _____ !

2. 주어진 단어를 이용하여, 중국어 문장을 만들어 보세요.

   1) 무슨 일이세요?

   什么 / 您 / 事 / 有
   shénme   nín   shì   yǒu

   ➡ _____

   2) 다음 주 월요일에 저는 귀사에 방문하려고 해요.

   打算 / 下周一 / 我 / 访问 / 贵公司 / 去
   dǎsuàn   xià zhōuyī   wǒ   fǎngwèn   guì gōngsī   qù

   ➡ _____

   3) 그럼 제가 3시에 공항으로 마중 가겠습니다.

   三点 / 我 / 那 / 到 / 接 / 您 / 机场
   sān diǎn   wǒ   nà   dào   jiē   nín   jīchǎng

   ➡ _____

정답 1. 1) A: 一共几个人　B: 两个人, 和经理一起去　2) A: 下周一见　B: 到时候见
2. 1) 您有什么事?　2) 下周一我打算去贵公司访问。　3) 那我三点到机场接您。

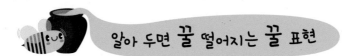

알아 두면 꿀 떨어지는 꿀 표현

부서는 '部门 bùmén'이라고 하고, 구체적인 부서명을 말할 때는 '~部 bù'라고 해요.

회사의 규모나 특성에 따라 부서명이 조금씩 다르니 실제 업무를 하면서

정확히 파악하는 게 좋아요. 다음은 일반적으로 많이 쓰이는 부서명이에요.

재무부	행정부	인사부(인력자원부)
财务部 cáiwùbù	行政部 xíngzhèngbù	人事部(人力资源部) rénshìbù(rénlìzīyuánbù)

기획(전략)부	기술부	개발부
策划部 cèhuàbù	技术部 jìshùbù	开发部 kāifābù

디자인부	생산부	마케팅부
设计部 shèjìbù	生产部 shēngchǎnbù	市场部 shìchǎngbù

판매(영업)부	영업(판매)부	정보부
销售部 xiāoshòubù	营销部 yíngxiāobù	信息部 xìnxībù

홍보부	구매부	고객서비스센터
宣传部 xuānchuánbù	采购部 cǎigòubù	客服中心 kèfúzhōngxīn

애프터서비스(AS)부	국제업무부	해외영업부
售后服务部 shòuhòufúwùbù	国际业务部 guójìyèwùbù	海外营业部 hǎiwàiyíngyèbù

공항에서 마중하다

상황 관찰하기

谢谢您来接我们!

상황 싱롱쇼핑센터의 장 주임이 공항으로 김 주임과 박 팀장을 마중 나왔어요.

강의 보기

등장인물

 김 주임

 박 팀장(메이샹화장품)

 장 주임

➡ MP3 음원을 들으며 대화 내용과 발음을 확인해 보세요.

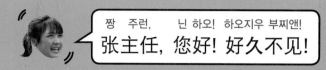

> 짱 주런, 닌 하오! 하오지우 부찌앤!
> **张主任, 您好! 好久不见!**

> 찐 주런, 닌 하오! 후안잉 니먼 라이 쫑구어!
> **金主任, 您好! 欢迎你们来中国!**

> 씨에씨에 닌 라이 찌에 워먼!
> **谢谢您来接我们!**

> 부용 씨에!
> **不用谢!**

> 쩌 웨이 스 워먼 꽁쓰 더 피아오 민하오 찡리.
> **这位是我们公司的朴珉浩经理。**

> 닌 하오! 런스 닌 헌 까오씽.
> **您好! 认识您很高兴。**

> 런스 닌, 워 페이창 롱씽. 이루샹 또우 하오 마?
> **认识您, 我非常荣幸。一路上都好吗?**

> 또우 헌 하오! 씨에씨에!
> **都很好! 谢谢!**

> 워먼 씨앤 취 지우띠앤, 란호우 취 찬팅 츠 판, 전머양?
> **我们先去酒店, 然后去餐厅吃饭, 怎么样?**

> 하오 더!
> **好的!**

문장 익히기 ①

짱 주런, 닌 하오! 하오지우 부찌앤!
张主任, 您好! 好久不见!
Zhāng zhǔrèn, nín hǎo! Hǎojiǔ bújiàn!
장 주임님, 안녕하세요! 오랜만입니다!

찐 주런, 닌 하오! 후안잉 니먼 라이 쫑구어!
金主任, 您好! 欢迎你们来中国!
Jīn zhǔrèn, nín hǎo! Huānyíng nǐmen lái Zhōngguó!
김 주임님, 안녕하세요! 중국에 오신 것을 환영합니다!

好久不见 Hǎojiǔ bújiàn
　　　　오랜만입니다
欢迎 huānyíng　환영하다
济州岛 Jìzhōudǎo
　　　　제주도

---

1 오랜만입니다

- '好久 hǎojiǔ'는 '오랫동안', '不见 bújiàn'은 '못 만났다'라는 뜻으로, '好久不见 Hǎojiǔ bújiàn'은 오랜만에 만난 사이에 나누는 인사말이에요. 이어서 친근하게 안부를 물을 때는 '最近你过得怎么样? Zuìjìn nǐ guò de zěnmeyàng?(요즘 어떻게 지내세요?)'이라고 말해요.

---

2 환영합니다

- '欢迎 huānyíng+대상+来 lái+장소'는 '~에 오신 것을 환영합니다'라는 표현이에요. 또는 '中国欢迎您! Zhōngguó huānyíng nín!'이라는 표현을 써서 '중국이 당신을 환영합니다!'라고 환영 인사를 할 수 있어요.

한국에 오신 것을 환영합니다!　　**欢迎您来韩国!**
　　　　　　　　　　　　　　　Huānyíng nín lái Hánguó!

제주도에 오신 것을 환영합니다!　**欢迎你们来济州岛!**
　　　　　　　　　　　　　　　Huānyíng nǐmen lái Jìzhōudǎo!

2008 베이징 올림픽의 주제곡은 '北京欢迎你 Běijīng huānyíng nǐ(베이징이 당신을 환영합니다)'예요. 이 곡이 흥미로운 것은 중국의 유명 스타 70여 명이 한 소절씩 노래를 불렀다는 점인데요. 뮤직비디오에는 우리에게 익숙한 성룡, 한경, 장나라도 등장해서, 내가 아는 스타들이 언제 나올까 기대하며 보는 재미도 있어요. 또, 뮤직비디오 안에는 아름다운 베이징의 명소와 다양한 중국 음식과 문화가 담겨 있으니, 중국의 정취와 문화를 짧은 시간에 느껴 보고 싶다면 이 뮤직비디오를 보는 걸 추천해요. 멜로디도 좋아서 노래 가사를 따라 불러 보고 싶어질 거예요.

문장 익히기 ②

씨에씨에 닌 라이 찌에 워먼!
谢谢您来接我们!
Xièxie nín lái jiē wǒmen!
저희를 마중하러 와 주셔서 감사합니다!

부용 씨에!
不用谢!
Búyòng xiè!
별말씀을요!

帮助 bāngzhù	돕다, 도움
帮 bāng	돕다
拿 ná	들다, 잡다
行李 xíngli	짐
非常 fēicháng	대단히, 매우
感谢 gǎnxiè	감사하다
出来 chūlái	나오다
迎接 yíngjiē	맞이하다, 영접하다
知道 zhīdào	알다
该 gāi	~해야 한다
怎么 zěnme	어떻게, 왜
才 cái	비로소, ~에서야

1 감사 표현

- '谢谢 xièxie'는 '감사합니다', '您来接我们 nín lái jiē wǒmen'은 '당신이 우리를 마중하러 오셔서'라는 뜻이죠? '谢谢' 뒤에 감사한 내용을 넣어서 말해 주세요.

도움을 주셔서 감사합니다!
谢谢您的帮助!
Xièxie nín de bāngzhù!

짐을 들어 주셔서 감사합니다!
谢谢您帮我拿行李!
Xièxie nín bāng wǒ ná xíngli!

2 감사에 대한 대답

- '不用 búyòng'은 '~할 필요 없다'라는 뜻이고, '谢 xiè'는 '감사하다'라는 뜻이므로 '不用谢 búyòng xiè'는 '감사할 필요 없다', 즉 '별말씀을요'라는 표현이에요. '谢谢 xièxie'에 대한 대답으로 할 수 있는 여러 표현을 함께 알아 두세요.

천만에요(별말씀을요)!
不客气!
Bú kèqi!

别客气!
Bié kèqi!

不谢!
Bú xiè!

 아하!

'谢谢 xièxie'보다 더 정식으로 감사 인사를 할 때는 '感谢 gǎnxiè'라고 말해요.

대단히 감사합니다!
非常感谢!
Fēicháng gǎnxiè!

맞이하러 와 주셔서 감사합니다.
感谢您出来迎接我。
Gǎnxiè nín chūlái yíngjiē wǒ.

뭐라고 감사의 말씀을 드려야 할지 모르겠네요!
不知道该怎么感谢你才好!
Bù zhīdào gāi zěnme gǎnxiè nǐ cái hǎo!

문장 익히기 ❸

쩌 웨이 스 워먼 꽁쓰 더 피아오 민하오 찡리.
这位是我们公司的朴珉浩经理。
Zhè wèi shì wǒmen gōngsī de Piáo Mínhào jīnglǐ.
이분은 저희 회사의 박민호 팀장님이세요.

닌 하오! 런스 닌 헌 까오씽.
您好! 认识您很高兴。
Nín hǎo! Rènshi nín hěn gāoxìng.
안녕하세요! 만나서 반갑습니다.

朴珉浩 Piáo Mínhào
　　　　　　박민호(인명)
认识 rènshi 알다
高兴 gāoxìng 기쁘다
张亮 Zhāng Liàng 장량(인명)
见到 jiàndào 보다, 만나다
也 yě ~도
经常 jīngcháng 늘, 항상
听 tīng 듣다
说起 shuōqǐ 말하다, 언급하다
想 xiǎng ~하고 싶다
久 jiǔ 오래다

1　소개하기

- 다른 사람에게 누군가를 처음 소개할 때는 '这位是 zhè wèi shì~'의 형식을 써서 '이분은 ~입니다'라고 해요. 소개할 때는 회사명과 직급, 이름을 정확하게 말해 주세요.

이분은 싱롱쇼핑센터의 장량 주임이세요.　　**这位是兴隆购物中心的张亮主任。**
　　　　　　　　　　　　　　　　　　　Zhè wèi shì Xīnglóng gòuwùzhōngxīn de Zhāng Liàng zhǔrèn.

2　첫 만남 인사 ①

- '认识您很高兴。Rènshi nín hěn gāoxìng.'은 처음 만났을 때 하는 기본적인 인사말로, 풀이하면 '당신을 알게 되어 매우 기쁩니다.'라는 뜻이에요. 회화에서는 '很高兴认识您。Hěn gāoxìng rènshi nín.'이라고 '很高兴'을 먼저 말하기도 해요.

당신을 만나 뵙게 되어 반갑습니다.　　**见到您很高兴。**
　　　　　　　　　　　　　　　　　Jiàndào nín hěn gāoxìng.

당신을 만나 뵙게 되어, 저도 반갑습니다.　　**见到您, 我也很高兴。**
　　　　　　　　　　　　　　　　　　　Jiàndào nín, wǒ yě hěn gāoxìng.

처음 만났을 때 '~에게 말씀 많이 들었습니다.', '만나 뵙고 싶었습니다.'라는 표현은 어떻게 할까요?

김 주임에게 말씀 많이 들었습니다.　　我经常听金主任说起你。
　　　　　　　　　　　　　　　　　Wǒ jīngcháng tīng Jīn zhǔrèn shuōqǐ nǐ.

만나 뵙고 싶었습니다.　　我想认识你很久了。
　　　　　　　　　　Wǒ xiǎng rènshi nǐ hěn jiǔ le.

런스 닌, 워 페이창 롱씽.

认识您, 我非常荣幸。
Rènshi nín, wǒ fēicháng róngxìng.
만나 뵙게 되어, 대단히 영광입니다.

이루샹 또우 하오 마?

一路上都好吗?
Yílùshang dōu hǎo ma?
오시는 길은 편안하셨어요?

또우 헌 하오! 씨에씨에!

都很好! 谢谢!
Dōu hěn hǎo! Xièxie!
괜찮았습니다! 감사합니다!

荣幸 róngxìng 영광스럽다
一路上 yílùshang 오시는 길
地方 dìfang 곳, 점
舒服 shūfu 편안하다
久仰 jiǔyǎng
  존함을 오래전부터 들었습니다
大名 dàmíng 명성
幸会 xìnghuì
  만나 뵙게 되어 기쁩니다

---

1 첫 만남 인사 ②

- '非常荣幸 fēicháng róngxìng'은 '대단히 영광입니다'라는 뜻이에요. 첫 만남에서 깍듯하고 예의 바른 태도로 상대방을 높여 주는 표현이에요.

당신을 만나 뵙게 되어 대단히 영광입니다. **见到您, 我非常荣幸。**
  Jiàndào nín, wǒ fēicháng róngxìng.

2 안부 묻기

- 공항으로 마중 나가면, 상대에게 오시는 길에 불편한 점은 없었는지 물어보는 것이 예의겠죠? '一路 yílù'는 '도중'이라는 의미이므로 '一路上 yílùshang'은 '오시는 길'이라고 풀이하면 돼요. '一路上都好 吗? Yílùshang dōu hǎo ma?'는 '오시는 길은 편안하셨어요?'라는 표현이에요.

불편한 점은 없었나요? **有没有不方便的地方?**
  Yǒu méiyǒu bù fāngbiàn de dìfang?

오는 길은 편안했습니다. **一路上都很舒服。**
  Yílùshang dōu hěn shūfu.

다음은 공식적인 자리에서 인사할 때, 상대방을 높여 주는 예의 있는 표현이에요.

말씀 많이 들었습니다. 久仰久仰(久仰大名)。
  Jiǔyǎng jiǔyǎng(Jiǔyǎng dàmíng).

만나 뵙게 되어 영광입니다. 幸会幸会。
  Xìnghuì xìnghuì.

문장 익히기 5

워먼 씨앤 취 지우띠앤,
我们先去酒店,
Wǒmen xiān qù jiǔdiàn,
우리 우선 호텔에 갔다가,

란호우 취 찬팅 츠 판,　전머양?
然后去餐厅吃饭, 怎么样?
ránhòu qù cāntīng chī fàn, zěnmeyàng?
그다음에 식당에 식사하러 가죠, 어떻습니까?

하오 더!
好的!
Hǎo de!
좋습니다!

然后 ránhòu　그다음에
餐厅 cāntīng　식당, 레스토랑
吃饭 chī fàn　밥을 먹다
办公室 bàngōngshì　사무실
参观 cānguān　참관(하다)
逛街 guàngjiē　쇼핑하다
按摩 ànmó　안마(하다)

1 안내하기

• '先 xiān+A, 然后 ránhòu+B, 怎么样 zěnmeyàng?'의 형식으로 '우선 A하고, 그다음에 B하는 건 어때요?'라고 간단하게 일정을 안내할 수 있어요.

우리 우선 사무실에 갔다가, 그다음에 공장을 둘러보러 가는 건 어때요?
我们先去办公室, 然后去工厂参观, 怎么样?
Wǒmen xiān qù bàngōngshì, ránhòu qù gōngchǎng cānguān, zěnmeyàng?

우리 우선 쇼핑하러 갔다가, 그다음에 안마 받으러 가는 건 어때요?
我们先去逛街, 然后去做按摩, 怎么样?
Wǒmen xiān qù guàngjiē, ránhòu qù zuò ànmó, zěnmeyàng?

 아하!

호텔을 의미하는 단어에는 여러 가지가 있어요. 그 차이점을 알아볼까요?

酒店 jiǔdiàn	대형 호텔을 의미합니다.
饭店 fàndiàn	예전에는 대형 호텔을 의미했지만, 요즘은 대형 식당의 명칭인 경우가 많습니다. 오래된 호텔은 아직 이 명칭을 쓰는 곳도 있습니다.
宾馆 bīnguǎn	'酒店 jiǔdiàn'보다 한 등급 낮은 규모의 호텔을 나타냅니다.
旅馆 lǚguǎn	'宾馆 bīnguǎn'보다 낮은 급의 숙박업소를 나타냅니다.
招待所 zhāodàisuǒ	게스트하우스나 여인숙 같은 숙박업소를 나타냅니다.

→ 빈칸에 다양한 표현을 넣어 큰 소리로 연습해 보세요.

~에 오신 것을 환영해요

欢迎你们来 〔　　　〕。
Huānyíng nǐmen lái

北京
Běijīng
베이징(북경)

上海
Shànghǎi
상하이(상해)

深圳
Shēnzhèn
선전(심천)

香港
Xiānggǎng
샹강(홍콩)

澳门
Àomén
마카오

이분은 저희 회사의 ~입니다

这位是我们公司的 〔　　　〕。
Zhè wèi shì wǒmen gōngsī de

梁铉锡总裁
Liáng Xuànxī zǒngcái
양현석 회장님

全智贤董事长
Quán Zhìxián dǒngshìzhǎng
전지현 이사장님

金秀贤总经理
Jīn Xiùxián zǒngjīnglǐ
김수현 사장님

李惠利经理
Lǐ Huìlì jīnglǐ
이혜리 팀장님

很高兴。
hěn gāoxìng.

认识您 rènshi nín 당신을 알게 되다	见到您 jiàndào nín 당신을 만나게 되다

来到这儿 lái dào zhèr 여기에 오게 되다	一起工作 yìqǐ gōngzuò 함께 일하다

我们先 ⬚ , 然后 ⬚ 。
Wǒmen xiān , ránhòu .

吃饭 / 去卡拉OK chī fàn / qù kǎlā OK 밥 먹다 / KTV(노래방)에 가다	开会 / 去展览会 kāihuì / qù zhǎnlǎnhuì 회의하다 / 전시회에 가다

去房地产公司 / 去银行
qù fángdìchǎn gōngsī / qù yínháng
부동산에 가다 / 은행에 가다

뿜뿜 대화 체험하기

➔ 우리말 대본을 참고하여, 아래 영상에서 소리가 빈 부분을 중국어로 말해 보세요.

공항에서 마중하다

김 주임 ◁ 장 주임님, 안녕하세요! 오랜만입니다!

김 주임님, 안녕하세요! 중국에 오신 것을 환영합니다! ▷ 장 주임

김 주임 ◁ 저희를 마중하러 와 주셔서 감사합니다!

별말씀을요! ▷ 장 주임

김 주임 ◁ 이분은 저희 회사의 박민호 팀장님이세요.

박 팀장 ◁ 안녕하세요! 만나서 반갑습니다.

만나 뵙게 되어, 대단히 영광입니다. 오시는 길은 편안하셨어요? ▷ 장 주임

박 팀장 ◁ 괜찮았습니다! 감사합니다!

우리 우선 호텔에 갔다가, 그다음에 식당에 식사하러 가죠,
어떻습니까? ▷ 장 주임

김 주임 ◁ 좋습니다!

쏙쏙 문장 만들기

1. 우리말 대화를 보고, 중국어 문장을 완성해 보세요.

1) A: 안녕하세요! 오랜만입니다!

　　　　＿＿＿＿＿＿! ＿＿＿＿＿＿＿＿!

B: (당신들이) 중국에 오신 것을 환영합니다!

　　　　＿＿＿＿＿＿＿＿＿＿＿＿ 中国!

2) A: 저희를 마중하러 와 주셔서 감사합니다!

　　　　＿＿＿＿＿＿＿＿＿＿＿＿ 我们!

B: 별말씀을요!

　　　　＿＿＿＿＿＿＿＿＿＿＿＿!

2. 주어진 단어를 이용하여, 중국어 문장을 만들어 보세요.

1) 만나 뵙게 되어, 대단히 영광입니다.

荣幸 / 非常 / 您 / 我 / 认识
róngxìng　fēicháng　nín　wǒ　rènshi

➡ ＿＿＿＿＿＿＿＿＿＿＿＿＿＿＿＿＿＿

2) 오시는 길은 편안하셨어요?

一路上 / 吗 / 好 / 都
yílùshang　ma　hǎo　dōu

➡ ＿＿＿＿＿＿＿＿＿＿＿＿＿＿＿＿＿＿

3) 우리 우선 호텔에 갔다가, 그다음에 식당에 식사하러 가죠.

然后 / 先 / 去 / 吃饭 / 我们 / 去 / 餐厅 / 酒店
ránhòu　xiān　qù　chī fàn　wǒmen　qù　cāntīng　jiǔdiàn

➡ ＿＿＿＿＿＿＿＿＿＿＿＿＿＿＿＿＿＿

정답 1. 1) A: 您好, 好久不见　B: 欢迎你们来　2) A: 谢谢您来接　B: 不用谢
2. 1) 认识您, 我非常荣幸。　2) 一路上都好吗?　3) 我们先去酒店, 然后去餐厅吃饭。

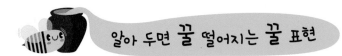

알아 두면 꿀 떨어지는 꿀 표현

스튜어디스는 중국어로 '空中小姐 kōngzhōng xiǎojiě'라고 해요.

'공중 아가씨'라는 뜻이니 기억하기 쉽죠?

기내에서 필요한 물품과 음료도 중국어로 알아 두면 좋아요.

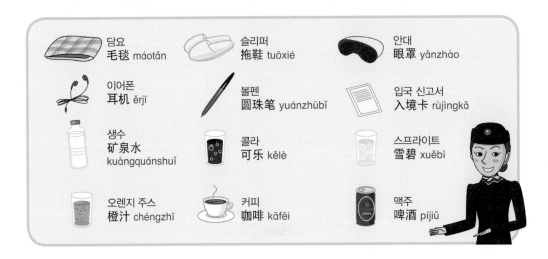

담요
毛毯 máotǎn

슬리퍼
拖鞋 tuōxié

안대
眼罩 yǎnzhào

이어폰
耳机 ěrjī

볼펜
圆珠笔 yuánzhūbǐ

입국 신고서
入境卡 rùjìngkǎ

생수
矿泉水
kuàngquánshuǐ

콜라
可乐 kělè

스프라이트
雪碧 xuěbì

오렌지 주스
橙汁 chéngzhī

커피
咖啡 kāfēi

맥주
啤酒 píjiǔ

외국에 나갈 때 가장 긴장하게 되는 곳이 바로 입국 심사대인데요.

입국 심사 때 필요한 몇 문장만 잘 알아 두면 당당하게 통과할 수 있어요.

여권과 입국 신고서를 보여 주세요.
请出示您的护照和入境卡。
Qǐng chūshì nín de hùzhào hé rùjìngkǎ

여기 있습니다.
在这里。
Zài zhèlǐ.

중국에 온 목적은 무엇입니까?
你来中国的目的是什么?
Nǐ lái Zhōngguó de mùdì shì shénme?

출장 왔습니다.
我是来出差的。
Wǒ shì lái chūchāi de.

여기에 며칠 머무를 예정입니까?
你打算在这里待几天?
Nǐ dǎsuàn zài zhèlǐ dāi jǐ tiān?

5일입니다.
五天。
Wǔ tiān.

出示 chūshì 제시하다
护照 hùzhào 여권
目的 mùdì 목적
待 dāi 머물다, 체류하다

택시를 타다

去沈阳酒店!

상황 관찰하기

상황 김 주임이 박 팀장, 장 주임과 함께 심양 호텔로 가기 위해 택시를 탑니다.

등장인물   김 주임  박 팀장   장 주임  택시 기사

강의 보기

칭원, 취 날?
请问, 去哪儿?

취 션양 지우띠앤!
去沈阳酒店!

따오 션양 지우띠앤 데이 뚜어창 스지앤?
到沈阳酒店得多长时间?

뿌 두처 더 후아, 따까이 빤 거 시아오스 찌우 넝 따오.
不堵车的话, 大概半个小时就能到。

씨앤짜이 두처 마?
现在堵车吗?

쩌 거 스지앤 잉까이 두처.
这个时间应该堵车。

- -

지우띠앤 따오 러!
酒店到了!

하오 더! 뚜어샤오 치앤?
好的! 多少钱?

지우스싼 콰이 치앤!
九十三块钱!

칭 게이 워 파피아오.
请给我发票。

문장 익히기 ❶

칭원, 취 날?
请问, 去哪儿?
Qǐngwèn, qù nǎr?
실례지만, 어디 가십니까?

취 션양 지우띠앤!
去沈阳酒店!
Qù Shěnyáng jiǔdiàn!
심양 호텔로 갑시다!

哪儿 nǎr 어디
故宫 Gùgōng 고궁
中山路 zhōngshānlù 중산로
和平 hépíng 평화
医院 yīyuàn 병원
师傅 shīfu 스승, 기사님
把 bǎ ~을(를)
后备箱 hòubèixiāng 차 트렁크
打开 dǎkāi 열다
一下 yíxià 좀 ~하다

---

1 목적지 말하기

- 택시를 타서 목적지를 말할 때는 '去 qù+장소(~로 갑시다)'라고 말해요. 또는 택시를 타기 전에 '去 qù+장소+吗 ma?(~에 갑니까?)'라고 물어보면 돼요. 정확한 위치를 말하기 위해서는 길 이름을 함께 말하는 것이 좋은데요. 중국의 길 이름은 '~路 lù(로)'나 '~街 jiē(가)'로 되어 있어요.

싱롱쇼핑센터로 가 주세요.
去兴隆购物中心。
Qù Xīnglóng gòuwùzhōngxīn.

고궁에 갑니까?
去故宫吗?
Qù Gùgōng ma?

중산로 평화병원으로 가 주세요.
去中山路和平医院。
Qù zhōngshānlù hépíng yīyuàn.

- 짐이 많아서 차 트렁크에 실어야 할 때는 '把 bǎ+A+打开一下 dǎkāi yíxià(A를 열어 주세요)'의 형식으로 말해요.

기사님, 트렁크 좀 열어 주세요.
师傅, 把后备箱打开一下。
Shīfu, bǎ hòubèixiāng dǎkāi yíxià.

중국에서 택시를 탈 때 유용하게 사용할 수 있는 '滴滴出行 dīdīchūxíng'이라는 애플리케이션(앱)이 있어요. 길에서 힘들게 택시를 잡지 않아도 되고, 앱에서 목적지를 입력하면 결제 예정 금액이 나오기 때문에 외국인도 안심하고 이용할 수 있죠. 미리 앱을 내려받아, 해외에서 쓸 수 있는 카드를 연동해 놓으면 요긴하게 사용할 수 있어요. 그리고 여행 전문 앱인 '去哪儿 qù nǎr'도 아주 유용한데요. 이 앱으로 호텔, 교통수단 등을 간편하게 예약할 수 있어요. 또, 중국은 구글맵이 정확하지 않으므로 '바이두 지도(百度地图 bǎidù dìtú)'나 '고덕 지도(高德地图 gāodé dìtú)' 앱을 사용하는 것을 추천해요.

따오 션양 지우띠앤 데이 뚜어창 스지앤?
到沈阳酒店得多长时间?
Dào Shěnyáng jiǔdiàn děi duōcháng shíjiān?
심양 호텔까지 시간이 얼마나 걸리나요?

 뿌 두처 더 후아, 따까이 빤 거 시아오스 찌우 넝 따오.
不堵车的话, 大概半个小时就能到。
Bù dǔchē de huà, dàgài bàn ge xiǎoshí jiù néng dào.
차가 안 막히면, 대략 삼십 분이면 도착할 수 있어요.

得 děi
　(시간이) 걸리다, 필요하다
多长时间
　duōcháng shíjiān
　(시간이) 얼마나
堵车 dǔchē　차가 막히다
大概 dàgài　대략
半 bàn　반, 30분
小时 xiǎoshí　시간(단위)
就 jiù　곧, 바로
北京站 běijīngzhàn
　　　　　　베이징역
分钟 fēnzhōng　분(단위)

---

1 시간이 얼마나 걸리는지 묻기

- '～까지 시간이 얼마나 걸려요?'라는 표현은 '到 dào+장소+得多长时间? děi duōcháng shíjiān?'이 라고 해요. '到 dào'는 전치사 '～까지'라는 뜻이고, '得 děi'는 동사로 '(시간이) 걸리다'라는 뜻이에요.

베이징역까지 시간이 얼마나 걸려요?　**到北京站得多长时间?**
　　　　　　　　　　　　　　　　　Dào Běijīngzhàn děi duōcháng shíjiān?

베이징 공항까지 시간이 얼마나 걸려요?　**到北京机场得多长时间?**
　　　　　　　　　　　　　　　　　Dào Běijīng jīchǎng děi duōcháng shíjiān?

2 가정하기/걸리는 시간 말하기

- '不堵车的话 bù dǔchē de huà'에서 '(如果 rúguǒ)～的话 de huà'는 '(만약)～라면'이라는 의미로, '가 정'을 나타내는 말이에요. '大概 dàgài+시간+就能到 jiù néng dào'는 '대략 ～이면 도착할 수 있다'라 는 표현이죠. '半个小时 bàn ge xiǎoshí'는 '三十分钟 sānshí fēnzhōng'과 같은 말로, '삼십 분'이라 는 뜻이에요.

대략 한 시간이면 도착해요.　**大概一个小时就能到。**
　　　　　　　　　　　　　Dàgài yí ge xiǎoshí jiù néng dào.

대략 20분이면 도착해요.　**大概二十分钟就能到。**
　　　　　　　　　　　Dàgài èrshí fēnzhōng jiù néng dào.

내비게이션은 중국어로 '导航 dǎoháng'이라고 해요. 한국에서 택시 기사님이 길을 잘 모르시면 내비게이션을 켜시죠? 중국에서 도 만약 기사님이 길을 잘 모르신다면 스마트폰으로 내비게이션을 켜서 보여 드리거나, '师傅! 开导航吧! Shīfu! Kāi dǎoháng ba!(기사님! 내비게이션 켜 주세요!)'라고 말하면 돼요.

문장 익히기 ❸

씨앤짜이 두 처　마?
现在堵车吗?
Xiànzài dǔchē ma?
지금 차가 막히나요?

쩌 거 스지앤 잉까이　두처.
这个时间应该堵车。
Zhè ge shíjiān yīnggāi dǔchē.
이 시간에는 아마 막힐 겁니다.

应该 yīnggāi　아마도 ~할 것이다
厉害 lìhai　대단하다, 심하다
结束 jiéshù　끝나다, 마치다
估计 gūjì　예측하다
要 yào　~하려고 하다
迟到 chídào　지각하다

---

1 차가 막히다

- '堵车 dǔchē'는 '차가 막히다'라는 뜻인데요. '동사(堵)+목적어(车)' 구조로 된 이합 동사이므로 '차가 많이 막힌다'라고 말할 때는 '동사+목적어+동사+정도 보어' 형식으로 '堵车堵得很厉害 dǔchē dǔ de hěn lìhai'라고 말해요.

지금은 차가 많이 막혀요.　**现在堵车堵得很厉害。**
Xiànzài dǔchē dǔ de hěn lìhai.

---

2 조동사 应该 ②

- 조동사 '应该 yīnggāi'는 '마땅히 ~해야 한다'라는 뜻 외에도 '아마(마땅히) ~할 것이다'라는 '추측'의 의미가 있어요. 부사 '可能 kěnéng(아마도)'과 비슷한 의미지만, '应该'가 더 확신에 찬 추측을 나타내요.

그는 아마 퇴근했을 거예요.　**他应该下班了。**
Tā yīnggāi xiàbān le.

회의는 아마 끝났을 거예요.　**会议应该结束了。**
Huìyì yīnggāi jiéshù le.

- 차가 막히는 시간인 '러시아워'를 '高峰 gāofēng'이라고 해요. '출퇴근 러시아워'는 '上下班高峰 shàngxiàbān gāofēng', '아침 저녁 러시아워'는 '早晚高峰 zǎowǎn gāofēng'이라고 해요.
- 추측할 때 '可能 kěnéng'과 같은 뜻으로 '估计 gūjì'라는 표현도 자주 써요.
지금 차가 막혀서, 늦을 것 같아요.　· **现在堵车, 估计要迟到。**
　　　　　　　　　　　　　Xiànzài dǔchē, gūjì yào chídào.

문장 익히기 ④

지우띠앤 따오 러!
酒店到了!
Jiǔdiàn dào le!
호텔에 도착했습니다!

하오 더! 뚜어샤오 치앤?
好的! 多少钱?
Hǎo de! Duōshao qián?
네! 얼마예요?

多少钱 duōshao qián 얼마예요
火车站 huǒchēzhàn 기차역
西瓜 xīguā 수박
卖 mài 팔다
用 yòng 사용하다
或者 huòzhě ~이나, 또는
扫 sǎo 스캔하다
支付宝 zhīfùbǎo 알리페이

---

1 도착했을 때

- 목적지에 도착했을 때는 '장소+到了 dào le(~에 도착했습니다)'라고 말해요. 간단하게 '到了'라고 말해도 돼요.

기차역에 도착했습니다.   **火车站到了。**
Huǒchēzhàn dào le.

---

2 가격 물어보기

- 가격을 물어보는 표현인 '얼마예요?'는 '多少钱? Duōshao qián?'이라고 해요. 과일이나 고기 등의 가격을 물어볼 때는 '怎么卖? Zěnme mài?(어떻게 팔아요?)'라고 묻기도 해요.

전부 얼마예요?   **一共多少钱?**
Yígòng duōshao qián?

수박은 어떻게 팔아요?   **西瓜怎么卖?**
Xīguā zěnme mài?

택시에서도 위챗페이(微信支付 wēixìnzhīfù)나 알리페이(支付宝 zhīfùbǎo)를 이용하여 큐알코드(二维码 èrwéimǎ)를 스캔하는 방식으로 계산할 수 있어요. 우리나라는 카드 결제가 보편적이지만, 중국은 큐알코드로 계산하는 방식이 더 보편적이에요. '스캔하다'는 '扫描 sǎomiáo'인데, 회화에서 간단하게 '扫 sǎo'라고 해요.

기사님, 위챗페이나 알리페이 되나요?   师傅, 可以用微信或者支付宝吗?
Shīfu, kěyǐ yòng wēixìn huòzhě zhīfùbǎo ma?

됩니다. 스캔하세요.   可以, 扫一扫。
Kěyǐ, sǎo yi sǎo.

문장 익히기 ⑤

지우스싼 콰이 치앤!
九十三块钱!
Jiǔshísān kuài qián!
93위안입니다!

칭 게이 워 파피아오.
请给我发票。
Qǐng gěi wǒ fāpiào.
영수증 주세요.

块 kuài   중국 화폐 단위
钱 qián   돈
发票 fāpiào   영수증
百 bǎi   백, 100
湿巾 shījīn   물티슈
碟子 diézi   접시

---

1 가격 말하기

- 가격을 말할 때는 '숫자+块钱 kuài qián'이라고 말하면 돼요. '块 kuài'는 중국 화폐 단위인 '元 yuán'
  을 말로 할 때 쓰는 표현이고, '钱 qián'은 '돈'이라는 뜻인데 생략해도 돼요.

2위안입니다. **两块。**
Liǎng kuài.

125위안입니다. **一百二十五块。**
Yìbǎi èrshíwǔ kuài.

2 ~을 주세요

- '请给我 qǐng gěi wǒ+A'는 '저에게 A를 주세요'라는 표현이에요. 여러 상황에서 유용하게 쓸 수 있는
  표현이에요.

물수건 주세요. **请给我湿巾。**
Qǐng gěi wǒ shījīn.

접시 하나 주세요. **请给我一个碟子。**
Qǐng gěi wǒ yí ge diézi.

- 영수증은 '发票 fāpiào' 또는 '收据 shōujù'라고 하는데요. 이것은 회사에 지출 보고를 할 때 필요한 공식적인 영수증을 뜻해요.
  보통 마트나 상점에서 계산하고 받는 영수증은 '小票 xiǎopiào'라고 해요. 택시에서 받는 영수증은 '小票 xiǎopiào'가 아닌 '发
  票 fāpiào'예요.
- 화폐 단위 '角 jiǎo'는 '0.1元'에 해당하는 금액으로, 말할 때는 '毛 máo'라고 읽어요. 가격이 '0.5元' 또는 '5角'라고 쓰여 있다면,
  '五毛 wǔ máo'라고 말하면 돼요. 금액을 말할 때 주의할 것은 화폐 단위 앞에 2가 단독으로 오면 '二 èr'이 아니라 '两 liǎng'으
  로 말해야 한다는 거예요.

➡ 빈칸에 다양한 표현을 넣어 큰 소리로 연습해 보세요.

∼로 갑시다

去 ___ !
Qù

希尔顿酒店	喜来登酒店	假日酒店
Xī'ěrdùn jiǔdiàn	Xǐláidēng jiǔdiàn	Jiàrì jiǔdiàn
힐튼 호텔	쉐라톤 호텔	홀리데이인 호텔

凯悦酒店	四季酒店
Kǎiyuè jiǔdiàn	Sìjì jiǔdiàn
하얏트 호텔	포시즌스 호텔

∼까지 얼마나 걸려요?

到 ___ 得多长时间?
Dào děi duōcháng shíjiān?

王府井	天安门	三里屯
Wángfǔjǐng	Tiān'ānmén	Sānlǐtún
왕푸징	톈안먼(천안문)	싼리툰

万达广场	国家博物馆
Wàndá guǎngchǎng	Guójiā bówùguǎn
완다 광장	국가 박물관

~하면, 대략 ~이면 도착해요

的话，大概 就能到。
de huà, dàgài jiù néng dào.

打车去 / 十分钟
dǎchē qù / shí fēnzhōng
택시 타고 가다 / 10분

坐地铁去 / 一个小时
zuò dìtiě qù / yí ge xiǎoshí
지하철 타고 가다 / 1시간

现在出发 / 一个半小时
xiànzài chūfā / yí ge bàn xiǎoshí
지금 출발하다 / 1시간 반

~을 주세요

请给我 。
Qǐng gěi wǒ

餐巾纸
cānjīnzhǐ
냅킨

塑料袋
sùliàodài
비닐봉지

烟灰缸
yānhuīgāng
재떨이

报纸
bàozhǐ
신문

杂志
zázhì
잡지

뿜뿜 대화 체험하기

➜ 우리말 대본을 참고하여, 아래 영상에서 소리가 빈 부분을 중국어로 말해 보세요.

택시를 타다

택시 기사 — 실례지만, 어디 가십니까?

심양 호텔로 갑시다! — 장 주임

심양 호텔까지 시간이 얼마나 걸리나요? — 김 주임

택시 기사 — 차가 안 막히면, 대략 삼십 분이면 도착할 수 있어요.

지금 차가 막히나요? — 김 주임

택시 기사 — 이 시간에는 아마 막힐 겁니다.

택시 기사 — 호텔에 도착했습니다!

네! 얼마예요? — 김 주임

택시 기사 — 93위안입니다!

영수증 주세요. — 김 주임

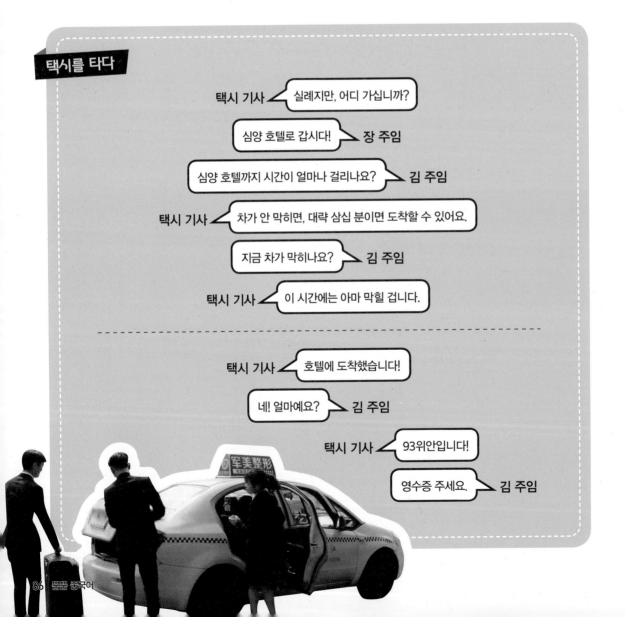

쓱쓱 문장 만들기

1. 우리말 대화를 보고, 중국어 문장을 완성해 보세요.

  1) A: 실례지만, 어디 가십니까?

  请问, _____?

  B: 심양 호텔로 갑시다!

  _____ 沈阳 _____!

  2) A: 얼마예요?

  _____?

  B: 93위안입니다!

  _____ 钱!

2. 주어진 단어를 이용하여, 중국어 문장을 만들어 보세요.

  1) 심양 호텔까지 시간이 얼마나 걸리나요?

  到 / 多长时间 / 沈阳酒店 / 得
  dào   duōcháng shíjiān Shěnyáng jiǔdiàn   děi

  ➡ _____

  2) 차가 안 막히면, 대략 삼십 분이면 도착할 수 있어요.

  能 / 大概 / 的话 / 不 / 堵车 / 到 / 半个小时 / 就
  néng dàgài de huà bù dǔchē dào bàn ge xiǎoshí jiù

  ➡ _____

  3) 이 시간에는 아마 막힐 겁니다.

  应该 / 这个时间 / 堵车
  yīnggāi zhè ge shíjiān dǔchē

  ➡ _____

정답 1. 1) A: 去哪儿 B: 去, 酒店   2) A: 多少钱? B: 九十三块
  2. 1) 到沈阳酒店得多长时间? 2) 不堵车的话, 大概半个小时就能到。 3) 这个时间应该堵车。

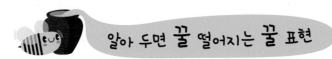

알아 두면 꿀 떨어지는 꿀 표현

택시 기사님을 부를 때는 '师傅! shīfu!'라고 부르면 돼요.
그리고 택시에서 쓸 수 있는 유용한 표현도 함께 알아 두세요.

앞으로 쭉 직진해 주세요.
往前走，一直走。
Wǎng qián zǒu, yìzhí zǒu.

사거리에서 좌회전해 주세요.
到十字路口往左拐。
Dào shízìlùkǒu wǎng zuǒ guǎi.

앞에서 우회전해 주세요.
前面往右拐。
Qiánmiàn wǎng yòu guǎi.

앞에서 유턴해 주세요.
前面掉个头。
Qiánmiàn diào ge tóu.

길 옆쪽에 세워 주세요.
靠边停一下。
Kàobiān tíng yíxià.

저 여기에서 내릴게요.
我在这里下车。
Wǒ zài zhèlǐ xià chē.

往 wǎng ~쪽으로
前 qián 앞
走 zǒu 가다
一直 yìzhí 똑바로, 줄곧
十字路口 shízìlùkǒu 사거리
左 zuǒ 왼
拐 guǎi 돌다
前面 qiánmiàn 앞쪽
右 yòu 오른
掉头 diàotóu 유턴하다
靠边 kàobiān 옆으로 붙다
停 tíng 세우다
下车 xià chē 차에서 내리다

06

호텔에서 체크인하다

상황 관찰하기

您预订房间了吗?

상황 호텔에 도착해서 김 주임이 체크인을 합니다.

등장인물

 김 주임

 박 팀장

 장 주임

 호텔 직원

강의 보기

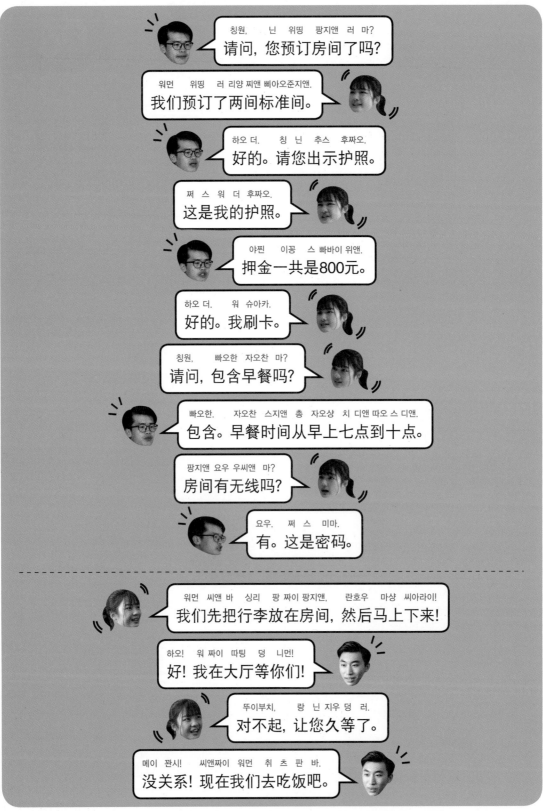

칭원, 닌 위띵 팡지앤 러 마?
请问, 您预订房间了吗?

워먼 위띵 러 리양 찌앤 삐아오준지앤.
我们预订了两间标准间。

하오 더. 칭 닌 추스 후짜오.
好的。请您出示护照。

쩌 스 워 더 후짜오.
这是我的护照。

야찐 이꽁 스 빠바이 위앤.
押金一共是800元。

하오 더. 워 슈아카.
好的。我刷卡。

칭원, 빠오한 자오찬 마?
请问, 包含早餐吗?

빠오한. 자오찬 스지앤 총 자오상 치 디앤 따오 스 디앤.
包含。早餐时间从早上七点到十点。

팡지앤 요우 우씨앤 마?
房间有无线吗?

요우. 쩌 스 미마.
有。这是密码。

워먼 씨앤 바 싱리 팡 짜이 팡지앤, 란호우 마샹 씨아라이!
我们先把行李放在房间, 然后马上下来!

하오! 워 짜이 따팅 덩 니먼!
好! 我在大厅等你们!

뚜이부치, 랑 닌 지우 덩 러.
对不起, 让您久等了。

메이 꽌시! 씨앤짜이 워먼 취 츠 판 바.
没关系! 现在我们去吃饭吧。

문장 익히기 ①

칭원, 닌 위띵 팡지앤 러 마?
请问, 您预订房间了吗?
Qǐngwèn, nín yùdìng fángjiān le ma?
실례합니다, 방을 예약하셨습니까?

워먼 위띵 러 리양 찌앤 삐아오주운지앤.
我们预订了两间标准间。
Wǒmen yùdìng le liǎng jiān biāozhǔnjiān.
저희는 일반실을 두 개 예약했어요.

预订 yùdìng 예약하다
房间 fángjiān 방
间 jiān 방을 세는 단위
标准间 biāozhǔnjiān 일반실
机票 jīpiào 비행기표
网上 wǎngshàng 온라인, 인터넷
双人间 shuāngrénjiān 트윈룸

---

1 예약하다

• '预订 yùdìng'은 '예약하다'라는 뜻의 동사로, 호텔, 식당, 항공 등을 예약할 때 쓰는 표현이에요.

비행기표를 예약하셨습니까? **你预订机票了吗?**
Nǐ yùdìng jīpiào le ma?

제가 식당을 하나 예약했어요. **我预订了一家餐厅。**
Wǒ yùdìng le yì jiā cāntīng.

• '间 jiān'은 방을 세는 단위고, '标准间 biāozhǔnjiān'은 호텔의 스탠다드룸(일반실)을 뜻해요. '일반실 2
개'는 '两间标准间 liǎng jiān biāozhǔnjiān'이라고 하는데, 중국인들은 습관적으로 일반적인 양사 '个'
를 써서 '两个标准间 liǎng ge biāozhǔnjiān'이라고 말하기도 해요.

저는 인터넷으로 트윈룸을 하나 예약했어요. **我在网上预订了一个双人间。**
Wǒ zài wǎngshàng yùdìng le yí ge shuāngrénjiān.

 아하!

호텔의 방 종류를 알아볼까요? 먼저 방은 '房间 fángjiān'이라고 해요. '房子 fángzi'는 '집'이라는 뜻이니 헷갈리지 마세요. 또, 싱
글 침대는 '单人床 dānrénchuáng', 더블 침대는 '双人床 shuāngrénchuáng'이에요.

스탠다드룸	1인실	2인실	3인실	비즈니스룸	슈페리어룸	디럭스룸	스위트룸
标准间	单人间	双人间	三人间	商务间	高级房	豪华房	豪华套房
biāozhǔnjiān	dānrénjiān	shuāngrénjiān	sānrénjiān	shāngwùjiān	gāojífáng	háohuáfáng	háohuátàofáng

문장 익히기 ②

하오 더.　칭 닌 추스 후짜오.
好的。请您出示护照。
Hǎo de. Qǐng nín chūshì hùzhào.
네. 여권을 보여 주세요.

쩌 스 워 더 후짜오.
这是我的护照。
Zhè shì wǒ de hùzhào.
여기 제 여권이에요.

出示 chūshì　제시하다
护照 hùzhào　여권
身份证 shēnfènzhèng　신분증
学生证 xuéshēngzhèng　학생증
房卡 fángkǎ　카드키
办理 bànlǐ　처리하다
入住 rùzhù　체크인하다
退房 tuìfáng　체크아웃하다

1 ~을 보여 주세요

• '请您出示 qǐng nín chūshì+A'는 'A를 보여 주세요'라는 표현이에요.

신분증을 보여 주세요.　**请您出示身份证。**
Qǐng nín chūshì shēnfènzhèng.

학생증을 보여 주세요.　**请您出示学生证。**
Qǐng nín chūshì xuéshēngzhèng.

2 여기 ~입니다

• '这是 zhè shì+A'는 '이것은 A입니다'라는 뜻이죠? 어떤 것을 보여 주면서 '여기 A입니다'라고 할 때도 쓸 수 있어요.

여기 제 신분증이에요.　**这是我的身份证。**
Zhè shì wǒ de shēnfènzhèng.

여기 당신의 카드키입니다.　**这是你的房卡。**
Zhè shì nǐ de fángkǎ.

체크인은 '入住 rùzhù', 체크아웃은 '退房 tuìfáng'이라고 해요. 그리고 체크인과 체크아웃을 하는 호텔의 프런트(front)는 '前台 qiántái'예요.

체크인하려고 해요.　我想办理入住。　　　　체크아웃할게요.　我要退房。
　　　　　　　　　Wǒ xiǎng bànlǐ rùzhù.　　　　　　　　　Wǒ yào tuìfáng.

문장 익히기 ❸

야찐 이꽁 스 빠바이 위앤.
押金一共是800元。
Yājīn yígòng shì bābǎi yuán.
보증금은 총 800위안입니다.

하오 더. 워 슈아카.
好的。我刷卡。
Hǎo de. Wǒ shuākǎ.
네. 카드로 할게요.

押金 yājīn 보증금
元 yuán 위안(중국 화폐 단위)
刷卡 shuākǎ 카드로 결제하다
支付 zhīfù 지불하다
现金 xiànjīn 현금
结账 jiézhàng 계산하다

---

1 보증금

- '押金 yājīn'은 '보증금'이라는 뜻으로, 호텔에서 유료 서비스를 이용하지 않으면 되돌려 받는 돈이에요. '一共 yígòng'은 '다 합해서'라는 뜻이고 '元 yuán'은 화폐 단위인데, 화폐 단위를 말할 때는 주로 '块 kuài'라고 하지만, 정식으로 금액을 말할 때는 '元 yuán'이라고 하기도 해요.

보증금은 200위안입니다. **押金是两百元。**
Yājīn shì liǎngbǎi yuán.

2 결제하기

- '刷卡 shuākǎ'는 '카드를 긁다'라는 의미예요. '卡 kǎ'는 '카드'라는 뜻으로, '신용 카드'를 '信用卡 xìnyòngkǎ', '체크 카드'를 '借记卡 jièjìkǎ'라고 해요. '(돈을) 지불하다'는 '支付 zhīfù'라고 해요.

위챗으로 낼게요. **微信支付。**
Wēixìn zhīfù.

알리페이로 낼게요. **支付宝支付。**
Zhīfùbǎo zhīfù.

'结账 jiézhàng'은 '계산하다'라는 뜻으로, 모든 상황에서 광범위하게 쓸 수 있는 표현이에요. 회화에서는 계산할 때 '买单! mǎidān!(계산할게요!)'이라는 말도 많이 쓰는데요. '买单!'은 주로 식당에서 하는 말이에요.

현금으로 계산할게요! **用现金结账!**
Yòng xiànjīn jiézhàng!

문장 익히기 ④

칭원,　빠오한 자오찬 마?
请问, 包含早餐吗?
Qǐngwèn, bāohán zǎocān ma?
실례지만, 조식 포함인가요?

빠오한.　자오찬 스지앤 총 자오샹 치 디앤 따오 스 디앤.
包含。早餐时间从早上七点到十点。
Bāohán. Zǎocān shíjiān cóng zǎoshang qī diǎn dào shí diǎn.
포함입니다. 조식 시간은 아침 7시부터 10시까지입니다.

包含 bāohán	포함하다
早餐 zǎocān	조식(아침밥)
从 cóng	~부터
接机 jiējī	공항에 픽업 가다
服务 fúwù	서비스하다
包括 bāokuò	포함하다
晚餐 wǎncān	저녁밥
提供 tígōng	제공하다

1 포함하다

- '包含 bāohán+A+吗 ma?'는 'A 포함입니까?'라고 묻는 표현이에요. 주로 비용, 서비스, 의미, 요소 등 추상적인 것을 포함할 때 써요. '包含'과 뜻이 같은 단어로 '包括 bāokuò'가 있는데요. '包括'는 구체적인 것과 추상적인 것에 모두 쓰이는 단어로, 구체적인 사물이나 사람을 포함할 때는 '包含 bāohán'이 아닌 '包括 bāokuò'로 말해요.

공항 픽업 서비스 포함인가요?
包含接机服务吗?
Bāohán jiējī fúwù ma?

저를 포함해서 총 열 명 있어요.
包括我一共有十个人。
Bāokuò wǒ yígòng yǒu shí ge rén.

2 시간 말하기

- '从 cóng~到 dào~'는 '~부터 ~까지'라는 뜻으로, 장소나 시간에 쓰는 표현이에요. '早餐时间(是)从 早上七点到十点。Zǎocān shíjiān (shì) cóng zǎoshang qī diǎn dào shí diǎn.'은 동사 '是 shì(~ 이다)'를 생략한 문장으로, 회화에서는 이처럼 생략해서 말할 수 있어요.

저녁밥 시간은 5시부터 8시까지예요.
晚餐时间是从五点到八点。
Wǎncān shíjiān shì cóng wǔ diǎn dào bā diǎn.

아하!

- 호텔을 예약할 때 '自助早餐 zìzhù zǎocān'이라고 쓰여 있다면 뷔페식 조식을 제공한다는 뜻이에요. '自助 zìzhù'는 '셀프'를 뜻하고, '自助餐 zìzhùcān'은 셀프로 가져다 먹는 '뷔페'를 뜻하죠.
- '~서비스를 제공하나요?'라고 물을 때는 '提供 tígōng~服务吗? fúwù ma?'라고 말해요.

공항 픽업 서비스	룸서비스(식사 배달)	세탁 서비스	콜택시 서비스	알람 서비스	짐 보관 서비스
接机服务	送餐服务	洗衣服务	叫车服务	叫醒服务	行李寄存服务
jiējī fúwù	sòngcān fúwù	xǐyī fúwù	jiàochē fúwù	jiàoxǐng fúwù	xíngli jìcún fúwù

문장 익히기 ❺

팡지앤 요우 우씨앤 마?

房间有无线吗?

Fángjiān yǒu wúxiàn ma?

방에 와이파이 되나요?

요우. 쩌 스 미마.

有。这是密码。

Yǒu. Zhè shì mìmǎ.

네. 이게 비밀번호입니다.

无线 wúxiàn 무선
密码 mìmǎ 비밀번호
吹风机 chuīfēngjī 헤어드라이어
电热水壶 diànrèshuǐhú
　　　　　　전기 포트(주전자)
输入 shūrù 입력하다
坏 huài 나쁘다, 고장 나다

---

1 ～가 있나요?

- 호텔에 투숙할 때는 객실 안에 필요한 물건들이 있는지 꼼꼼히 확인해야겠죠? '～가 있나요?'라는 표현은 '有 yǒu~吗 ma?'라고 물어보면 돼요. '无线 wúxiàn'은 '无线网络 wúxiàn wǎngluò'의 줄임말로, '무선 인터넷'이라는 뜻이에요. 영어로 'WIFI'라고 말해도 통해요. '와이파이 되나요?'라는 표현은 '有无线吗? Yǒu wúxiàn ma?(와이파이 있나요?)'라고 하면 돼요.

방에 헤어드라이어가 있나요? **房间有吹风机吗?**
　　　　　　　　　　　　Fángjiān yǒu chuīfēngjī ma?

방에 전기 포트가 있나요? **房间有电热水壶吗?**
　　　　　　　　　　　　Fángjiān yǒu diànrèshuǐhú ma?

2 비밀번호

- 비밀번호는 '密码 mìmǎ'라고 해요. 은행 업무를 보거나 인터넷 로그인 등을 할 때 많이 접하게 되는 단어예요.

비밀번호를 입력하세요. **请输入您的密码。**
　　　　　　　　　　Qǐng shūrù nín de mìmǎ.

 아하!

객실에 필요한 물품이 있는지 확인하고, 물품이 없다면 '没有~。 méiyǒu~.(～가 없어요.)'라고 말하면 돼요. 물건이 고장 났다면, '~坏了。~huài le.(～가 고장 났어요.)'라고 말해 보세요.

에어컨	탁자	냉장고	TV	전화	수건
空调	桌子	冰箱	电视	电话	毛巾
kōngtiáo	zhuōzi	bīngxiāng	diànshì	diànhuà	máojīn
휴지	슬리퍼	샴푸	린스	면도기	세면도구
卫生纸	拖鞋	洗发水	护发素	剃须刀	洗漱用品
wèishēngzhǐ	tuōxié	xǐfàshuǐ	hùfàsù	tìxūdāo	xǐshù yòngpǐn

문장 익히기 6

워먼 씨앤 바 싱리 팡 짜이 팡지앤,
我们先把行李放在房间,
Wǒmen xiān bǎ xíngli fàng zài fángjiān,
저희 우선 짐을 방에 두고,

란호우 마샹 씨아라이!
然后马上下来!
ránhòu mǎshàng xiàlái!
바로 내려올게요!

하오! 워 짜이 따팅 덩 니먼!
好! 我在大厅等你们!
Hǎo! Wǒ zài dàtīng děng nǐmen!
네! 저는 로비에서 기다릴게요!

放 fàng 놓다
大厅 dàtīng 홀, 로비
材料 cáiliào 자료, 재료
会议室 huìyìshì 회의실
包 bāo 가방
咖啡厅 kāfēitīng 커피숍
商务中心 shāngwù zhōngxīn
비즈니스 센터

---

1 전치사 把

- '把 bǎ+A+放在 fàng zài+장소'는 'A를 ~에 놓다'라는 표현이에요. '把 구문'은 목적어를 동사 앞으로 끌어 주는 역할을 해요.

자료를 회의실에 두세요.
你把材料放在会议室。
Nǐ bǎ cáiliào fàng zài huìyìshì.

가방을 사무실에 두세요.
你把包放在办公室。
Nǐ bǎ bāo fàng zài bàngōngshì.

2 ~에서 기다리다

- '在 zài+장소+等 děng+대상'은 '~에서 ~을 기다리다'라는 표현이에요.

커피숍에서 당신을 기다릴게요!
我在咖啡厅等您!
Wǒ zài kāfēitīng děng nín!

비즈니스 센터에서 당신을 기다릴게요!
我在商务中心等您!
Wǒ zài shāngwù zhōngxīn děng nín!

호텔을 예약하기 전에 내가 묵을 호텔에 어떤 시설이 있는지도 확인해 보면 좋겠죠? 호텔에서 이용할 수 있는 시설을 중국어로 뭐라고 하는지 알아볼까요?

비즈니스 센터	휘트니스 센터	실내 수영장	회의홀
商务中心 shāngwù zhōngxīn	健身中心 jiànshēn zhōngxīn	室内游泳池 shìnèi yóuyǒngchí	会议厅 huìyìtīng
중식당	레스토랑	커피숍	바(bar)
中餐厅 zhōngcāntīng	西餐厅 xīcāntīng	咖啡厅 kāfēitīng	酒吧 jiǔbā

문장 익히기 7

뚜이부치,   랑 닌 지우 덩 러.
对不起, 让您久等了。
Duìbuqǐ, ràng nín jiǔ děng le.
죄송해요, 오래 기다리게 했어요.

메이 꽌시!   씨앤짜이 워먼 취 츠 판 바.
没关系! 现在我们去吃饭吧。
Méi guānxi! Xiànzài wǒmen qù chī fàn ba.
괜찮아요! 이제 우리 밥 먹으러 갑시다.

没关系 méi guānxi 괜찮다
失望 shīwàng 실망하다
担心 dānxīn 걱정하다
唱歌 chànggē 노래를 부르다
打 dǎ   치다
高尔夫球 gāo'ěrfūqiú 골프
收费 shōufèi 비용을 받다
免费 miǎnfèi 무료로 하다

1 사과 표현/동사 让

• 가장 일반적인 사과 표현은 '对不起。Duìbuqǐ.'이고, 그에 대한 대답은 '没关系。Méi guānxi.'예요.
또, '오래 기다리셨죠?'라고 말하고 싶을 때는 '让您久等了。Ràng nín jiǔ děng le.'라고 하는데, '让
ràng+A+B'는 'A에게 B하게 하다'라는 뜻이므로, 풀이하면 '당신에게 오래 기다리게 했다.'라는 뜻이에요.

죄송해요, 당신을 실망하게 했네요.
对不起, 让您失望了。
Duìbuqǐ, ràng nín shīwàng le.

죄송해요, 당신을 걱정하게 했네요.
对不起, 让您担心了。
Duìbuqǐ, ràng nín dānxīn le.

2 ~하러 갑시다

• '去 qù+동사+吧 ba'는 '~하러 갑시다'라는 뜻의 문장이에요. '~吧 ba'는 '~합시다'라는 뜻으로, 제안
하거나 권유할 때 문장 끝에 붙이면 돼요.

우리 노래 부르러 갑시다.
我们去唱歌吧。
Wǒmen qù chànggē ba.

우리 골프 치러 갑시다.
我们去打高尔夫球吧。
Wǒmen qù dǎ gāo'ěrfūqiú ba.

출장을 가면 급히 팩스를 전송하거나 프린트를 해야 하는 일도 발생하는데요. 그럴 때는 '可以 Kěyǐ~吗? ma?(~해도 되나요?)'
라고 물어보세요. 그리고 '收费吗? Shōufèi ma?(유료인가요?)' 또는 '免费吗? Miǎnfèi ma?(무료인가요?)'라고 비용도 미리 확
인하세요.

프린트	복사	팩스 전송	스캐닝
打印	复印	发传真	扫描
dǎyìn	fùyìn	fā chuánzhēn	sǎomiáo

➜ 빈칸에 다양한 표현을 넣어 큰 소리로 연습해 보세요.

~을 예약하셨나요?

您预订 _____ 了吗?
Nín yùdìng le ma?

- 机票 jīpiào 비행기표
- 火车票 huǒchēpiào 기차표
- 餐厅 cāntīng 식당
- 演唱会门票 yǎnchànghuì ménpiào 콘서트표
- 电影票 diànyǐngpiào 영화표

~을 보여 주세요

请您出示 _____ 。
Qǐng nín chūshì

- 登机牌 dēngjīpái 탑승권
- 门票 ménpiào 입장권
- 会员卡 huìyuánkǎ 회원 카드
- 身份证 shēnfènzhèng 신분증
- 名片 míngpiàn 명함

押金一共是 〔　　　〕 元。
Yājīn yígòng shì 〔　　　〕 yuán.

二十	一百	两百
èrshí	yìbǎi	liǎngbǎi
20	100	200

一千	两千
yìqiān	liǎngqiān
1,000	2,000

包含 〔　　　〕 吗?
Bāohán 〔　　　〕 ma?

送餐服务	洗衣服务	运费
sòngcān fúwù	xǐyī fúwù	yùnfèi
룸서비스	세탁 서비스	운송비

保险费	包装费
bǎoxiǎnfèi	bāozhuāngfèi
보험료	포장비

뿜뿜 대화 체험하기

➜ 우리말 대본을 참고하여, 아래 영상에서 소리가 빈 부분을 중국어로 말해 보세요.

호텔에서 체크인하다

호텔 직원 실례합니다, 방을 예약하셨습니까?

저희는 일반실을 두 개 예약했어요. **김 주임**

호텔 직원 네. 여권을 보여 주세요.

여기 제 여권이에요. **김 주임**

호텔 직원 보증금은 총 800위안입니다.

네. 카드로 할게요. **김 주임**

실례지만, 조식 포함인가요? **김 주임**

호텔 직원 포함입니다. 조식 시간은 아침 7시부터 10시까지입니다.

방에 와이파이 되나요? **김 주임**

호텔 직원 네. 이게 비밀번호입니다.

- -

김 주임 저희 우선 짐을 방에 두고, 바로 내려올게요!

네! 저는 로비에서 기다릴게요! **장 주임**

김 주임 죄송해요, 오래 기다리게 했어요.

괜찮아요!
이제 우리 밥 먹으러 갑시다. **장 주임**

쓱쓱 문장 만들기

1. 우리말 대화를 보고, 중국어 문장을 완성해 보세요.

　1) A: 방을 예약하셨습니까?

　　　您 ＿＿＿＿＿＿＿＿＿＿＿＿＿＿？

　　　B: 저희는 일반실을 두 개 예약했어요.

　　　我们 ＿＿＿＿＿＿＿ 标准间。

　2) A: 여권을 보여 주세요.

　　　＿＿＿＿＿＿＿＿＿＿＿ 护照。

　　　B: 여기 제 여권이에요.

　　　＿＿＿＿＿＿＿＿＿＿＿ 护照。

2. 주어진 단어를 이용하여, 중국어 문장을 만들어 보세요.

　1) 조식 시간은 아침 7시부터 10시까지입니다.

　　从 / 到 / 十点 / 早餐时间 / 早上 / 七点
　　cóng　dào　shí diǎn　zǎocān shíjiān　zǎoshang　qī diǎn

　　➡ ＿＿＿＿＿＿＿＿＿＿＿＿＿＿＿＿＿＿

　2) 저희 우선 짐을 방에 두고, 바로 내려올게요!

　　然后 / 我们 / 行李 / 把 / 放在 / 先 / 马上 / 下来 / 房间
　　ránhòu　wǒmen　xíngli　bǎ　fàng zài　xiān　mǎshàng　xiàlái　fángjiān

　　➡ ＿＿＿＿＿＿＿＿＿＿＿＿＿＿＿＿＿＿

　3) 저는 로비에서 (당신들을) 기다릴게요!

　　你们 / 我 / 在 / 等 / 大厅
　　nǐmen　wǒ　zài　děng　dàtīng

　　➡ ＿＿＿＿＿＿＿＿＿＿＿＿＿＿＿＿＿＿

정답 1. 1) A: 预订房间了吗　B: 预订了两间　2) A: 请您出示　B: 这是我的
　2. 1) 早餐时间从早上七点到十点。　2) 我们先把行李放在房间，然后马上下来！　3) 我在大厅等你们！

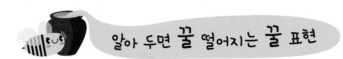

알아 두면 **꿀** 떨어지는 **꿀** 표현

급하게 호텔을 예약해야 할 때 필요한 표현들을 알아 두세요.

안녕하세요! 내일 방 있나요?
您好! 明天还有房间吗?
Nín hǎo! Míngtiān hái yǒu fángjiān ma?

저는 스탠다드룸 하나를 원합니다.
我要一个标准间。
Wǒ yào yí ge biāozhǔnjiān.

저는 이틀 밤을 예약하려고 해요.
我要订两个晚上。
Wǒ yào dìng liǎng ge wǎnshang.

두 명이 묵고요, 킹사이즈 침대를 원해요.
两个人住, 要大床的。
Liǎng ge rén zhù, yào dàchuáng de.

저는 금연 층을 원합니다.
我要无烟楼层。
Wǒ yào wúyān lóucéng.

제 성은 김이고, 김유나라고 해요. '온유하다' 할 때 '유'예요.
我姓金, 叫金柔娜。'温柔'的'柔'。
Wǒ xìng Jīn, jiào Jīn Róunà. 'wēnróu' de 'róu'

체크아웃 후에 짐을 맡길 수 있나요?
退房后可以寄存行李吗?
Tuìfáng hòu kěyǐ jìcún xíngli ma?

> 订 dìng 예약하다
> 无烟楼层 wúyān lóucéng 금연 층
> 退房 tuìfáng 체크아웃하다
> 寄存 jìcún 맡겨 두다, 보관하다

거래처와 식사하다

상황 관찰하기

初次见面，请多关照！

상황 식당에서 리 팀장이 박 팀장과 김 주임을 맞이하며 함께 식사합니다.

등장인물

 김 주임

 박 팀장

 리 팀장 (싱롱쇼핑센터)

 장 주임

강의 보기

→ MP3 음원을 들으며 대화 내용과 발음을 확인해 보세요.

니먼 하오! 루샹 씬쿠 러!
你们好! 路上辛苦了!

이디얼 이에 뿌 씬쿠.
一点儿也不辛苦。

워 라이 찌에샤오 이시아,
我来介绍一下,
쩌 웨이 스 메이시앙 후아주앙핀 더 피아오 민하오 찡리.
这位是美想化妆品的朴珉浩经理。

닌 하오! 워 스 씽룽 꼬우우쫑씬
您好! 我是兴隆购物中心
하이와이뿌 더 찡리, 리 리.
海外部的经理, 李利。

추츠 찌앤미앤, 칭 뚜어 꾸안짜오!
初次见面, 请多关照!

추츠 찌앤미앤, 쩌 스 워 더 밍피앤.
初次见面, 这是我的名片。

칭 쭈어, 닌 시환 츠 쫑구어차이 마?
请坐, 您喜欢吃中国菜吗?

워 페이창 시환 쫑구어차이!
我非常喜欢中国菜!

나 타이 하오 러! 칭 뚜어 츠!
那太好了! 请多吃!

씨에씨에 찐티앤 더 러칭 쿠안따이.
谢谢今天的热情款待。

문장 익히기 ①

니먼 하오! 루샹 씬쿠 러!
你们好! 路上辛苦了!
Nǐmen hǎo! Lùshang xīnkǔ le!
안녕하세요! 오시느라 수고하셨습니다!

이디얼 이에 뿌 씬쿠.
一点儿也不辛苦。
Yìdiǎnr yě bù xīnkǔ.
하나도 안 힘들었어요.

路上 lùshang 길 위, 도중
一点儿 yìdiǎnr 조금
坐 zuò 앉다, 타다
远道而来 yuǎndào'érlái 먼 곳에서 오다
成立 chénglì 창립하다
历史 lìshǐ 역사
技术 jìshù 기술
方面 fāngmiàn 방면
领先 lǐngxiān 앞서다, 리드하다
与 yǔ ～와
其他 qítā 기타, 그 외
相比 xiāngbǐ 비교하다

1 수고하셨습니다

- '辛苦了! Xīnkǔ le!'는 '수고하셨습니다!'라는 표현이에요. 먼 길을 오신 손님께, 또는 운전을 해 주신 기사님께 수고하셨다고 감사의 마음을 전할 때 쓸 수 있어요.

비행기를 타시느라 수고하셨습니다.　**坐飞机辛苦了。**
Zuò fēijī xīnkǔ le.

멀리서 오시느라 수고하셨습니다.　**远道而来, 辛苦了。**
Yuǎndào'érlái, xīnkǔ le.

2 조금도 ～하지 않다

- '一点儿也不 yìdiǎnr yě bù+A'는 '조금도 A하지 않다'라는 표현이에요. '一点儿都不 yìdiǎnr dōu bù+A'도 같은 표현이에요.

조금도 피곤하지 않아요.　**一点儿也不累。**
Yìdiǎnr yě bú lèi.

조금도 비싸지 않아요.　**一点儿都不贵。**
Yìdiǎnr dōu bú guì.

회사를 소개하며 설립 연도 및 장점을 말해 보세요.

우리 회사는 1998년에 창립되어, 20년의 역사를 가지고 있습니다.
我们公司成立于1998年, 有20年的历史。
Wǒmen gōngsī chénglì yú yī jiǔ jiǔ bā nián, yǒu èrshí nián de lìshǐ.

다른 회사와 비교하여, 우리 회사는 기술 면에서 많이 앞서고 있습니다.
与其他公司相比, 我们公司在技术方面领先很多。
Yǔ qítā gōngsī xiāngbǐ, wǒmen gōngsī zài jìshù fāngmiàn lǐngxiān hěn duō.

문장 익히기 ②

워 라이 찌에샤오 이시아, 쩌 웨이 스
我来介绍一下，这位是
Wǒ lái jièshào yíxià, zhè wèi shì
제가 소개할게요, 이분은

메이시앙 후아주앙핀 더 피아오 민하오 찡리.
美想化妆品的朴珉浩经理。
Měixiǎng huàzhuāngpǐn de Piáo Mínhào jīnglǐ.
메이상화장품의 박민호 팀장님입니다.

닌 하오! 워 스 씽롱 꼬우우쫑씬
您好! 我是兴隆购物中心
Nín hǎo! Wǒ shì Xīnglóng gòuwùzhōngxīn
안녕하세요! 저는 싱롱쇼핑센터

하이와이뿌 더 찡리, 리 리.
海外部的经理，李利。
hǎiwàibù de jīnglǐ, Lǐ Lì.
해외부의 팀장, 리리입니다.

介绍 jièshào 소개하다
海外部 hǎiwàibù 해외부
李利 Lǐ Lì 리리(인명)
简单 jiǎndān 간단하다
地 de 구조 조사
负责 fùzé 책임이 있다
销售 xiāoshòu 판매하다
姓 xìng 성이 ~이다
李 Lǐ 이(성씨)

---

1 제가 ~하겠습니다

- '我来 wǒ lái+동사+一下 yíxià'는 '제가 ~하겠습니다'라는 표현이에요. '来 lái'는 '오다'라는 뜻이 아니라 동사 앞에 쓰여 동작에 적극성을 부여하는 역할을 해요.

제가 간단하게 메이상화장품에 대해 소개하겠습니다.   我来简单地介绍一下美想化妆品。
Wǒ lái jiǎndān de jièshào yíxià Měixiǎng huàzhuāngpǐn.

2 자기소개하기

- 자기를 소개할 때는 회사명과 직급, 이름을 명확하게 말하면 돼요. 그리고 '负责 fùzé+A'를 덧붙여 'A를 담당하고 있습니다'라고 말해 주면 더욱 좋아요.

저는 메이상화장품의 주임, 김유나입니다. 영업을 담당하고 있습니다.
我是美想化妆品的主任, 金柔娜。负责销售。
Wǒ shì Měixiǎng huàzhuāngpǐn de zhǔrèn, Jīn Róunà. Fùzé xiāoshòu.

중국인들은 이름을 말할 때 한자를 쪼개서 설명하기도 해요. 특히 전화로 말해야 할 때 유용한데요. '我姓李, 木子李。Wǒ xìng Lǐ, mù zǐ Lǐ.(제 성은 '이'입니다, 나무 목에 아들 자 쓰는 '이'예요.) 또는 '我姓张, 弓长张。Wǒ xìng Zhāng, gōng cháng Zhāng.(제 성은 '장'입니다, 활 궁에 길 장 쓰는 '장'이에요.)'라고 말하죠. 마치 우리가 이름을 말할 때 '이해진입니다. 해는 'ㅏ', 'ㅣ' 해예요.'라고 말하는 것과 비슷해요.

문장 익히기 ③

추츠 찌앤미앤, 칭 뚜어 꾸안짜오!
初次见面，请多关照！
Chūcì jiànmiàn, qǐng duō guānzhào!
처음 뵙겠습니다, 잘 부탁드립니다!

추츠 찌앤미앤, 쩌 스 워 더 밍피앤.
初次见面，这是我的名片。
Chūcì jiànmiàn, zhè shì wǒ de míngpiàn.
처음 뵙겠습니다, 이건 제 명함입니다.

初次 chūcì 처음
见面 jiànmiàn 만나다
关照 guānzhào 돌보다
名片 míngpiàn 명함
指教 zhǐjiào 지도하다, 가르치다
带 dài 지니다, 휴대하다
加 jiā 더하다

---

1 정중한 인사 표현

- '처음 뵙겠습니다.'라는 인사는 '初次见面。Chūcì jiànmiàn.'이라고 해요. 이어서 격식을 차리는 표현으로 '请多关照! Qǐng duō guānzhào!'라고 말하는데요. '请多 qǐng duō'는 '많이 ~해 주세요', '关照 guānzhào'는 '돌보다'라는 뜻이므로, '잘 돌봐 주세요', 즉 '잘 부탁드립니다'라는 의미예요.

처음 뵙겠습니다, 많은 가르침 바랍니다! **初次见面，请多指教!**
Chūcì jiànmiàn, qǐng duō zhǐjiào!

2 명함 교환하기

- 명함을 교환할 때는 '这是我的名片。Zhè shì wǒ de míngpiàn.'이라고 말하며 상대에게 명함을 주면 돼요.

명함 있으십니까? **您有名片吗?**
Nín yǒu míngpiàn ma?

저 명함을 안 가져왔는데, 웨이씬 친구 추가해도 될까요? **我没带名片，加微信可以吗?**
Wǒ méi dài míngpiàn, jiā wēixìn kěyǐ ma?

 아하!

비즈니스에서는 명함 교환이 필수죠? 만약에 명함 없이 이름을 말해야 하는 경우에는 어떤 한자인지 정확히 설명해 주어야 해요. 중국어에는 발음이 같은 한자들이 많이 쓰이기 때문이죠. 통상적으로 자주 쓰이는 한자는 설명할 필요가 없지만, 헷갈리거나 다른 한자로 오해하기 쉬운 한자는 자신만의 방법으로 설명해 주는 게 좋아요. 예를 들어 '我叫金岸娜。Wǒ jiào Jīn Ànnà.(제 이름은 김안나입니다.)'라고 말하면 대부분 '金安娜 Jīn Ānnà'라고 오해해요. 그럴 때는 '不是平安的安，是河岸的岸。Bú shì píng'ān de ān, shì hé'àn de àn.('평안'의 '안'이 아니고, '강가' 할 때 '안'이에요.)'이라고 말해 줘요. 그래야 'Ànnà'라고 정확히 이름을 불러 줍니다.

문장 익히기 ④

칭 쮜어, 닌 시환 츠 쯍구어차이 마?
请坐, 您喜欢吃中国菜吗?
Qǐng zuò, nín xǐhuan chī zhōngguócài ma?
앉으세요, 중국 요리 드시는 것을 좋아하세요?

워 페이창 시환 쯍구어차이!
我非常喜欢中国菜!
Wǒ fēicháng xǐhuan zhōngguócài!
저는 중국 요리를 아주 좋아합니다!

喜欢 xǐhuan 좋아하다
中国菜 zhōngguócài 중국 요리
客随主便 kè suí zhǔ biàn
　　　　손님은 주인의 의사를 따른다
海鲜 hǎixiān 해산물

1 좋아하는 것 묻기

• '喜欢 xǐhuan'은 그 뒤에 목적어로 명사와 동사가 모두 올 수 있는 동사예요. 좋아하는 것을 물을 때 '～하는 것을 좋아하세요?' 또는 '～을 좋아하세요?'라고 물을 수 있어요.

뭐 드시는 것을 좋아하세요?
您喜欢吃什么?
Nín xǐhuan chī shénme?

저는 다 좋아해요. 손님은 다 따르겠습니다.
我都喜欢。客随主便。
Wǒ dōu xǐhuan. Kè suí zhǔ biàn.

해산물 드시는 것을 좋아하세요?
您喜欢吃海鲜吗?
Nín xǐhuan chī hǎixiān ma?

저는 해산물을 아주 좋아해요!
我非常喜欢海鲜!
Wǒ fēicháng xǐhuan hǎixiān!

• 업무상 식사에 초대된 자리에서 상대방이 '뭘 드시겠어요?'라고 물었을 때 '都可以。Dōu kěyǐ.(다 괜찮아요.)', '随便。Suíbiàn. (아무거나요.)'이라는 대답보다 더 예의 바른 표현은 바로 '客随主便。Kè suí zhǔ biàn.(손님은 주인의 말에 따르겠습니다.)'이라는 말인데요. 상대방의 부담을 덜어 줄 수 있는 센스 있는 표현이에요.

• 식사 또한 매우 중요한 비즈니스라고 할 수 있어요. 식사 매너가 사업의 성패를 좌우한다 해도 과언이 아니죠. 중국인과의 식사 자리에서 지켜야 할 기본적인 에티켓을 알아볼까요? 초대한 주인은 보통 출입문에서 가장 먼 안쪽에 앉아요. 손님은 주인이 배정해 주는 자리에 앉는데, 일반적으로 가장 중요한 손님이 주인석 옆에 앉아요. 또, 식사 초대에 응할 때는 상대 쪽과 비슷한 인원과 직급이 참석하는 것이 예의예요. 식사 중에는 될 수 있으면 업무 이야기를 피하고, 편안하고 즐겁게 즐기면서 신뢰를 쌓는 게 좋아요.

문장 익히기 ⑤

나 타이 하오 러! 칭 뚜어 츠!
那太好了! 请多吃!
Nà tài hǎo le! Qǐng duō chī!
그럼 너무 잘됐네요! 많이 드세요!

씨에씨에 찐티앤 더 러칭 쿠안따이.
谢谢今天的热情款待。
Xièxie jīntiān de rèqíng kuǎndài.
오늘 환대해 주셔서 감사합니다.

热情 rèqíng 친절하다
款待 kuǎndài 환대하다
再 zài 또, 다시
点儿 diǎnr 조금
参加 cānjiā 참가하다
这次 zhècì 이번
邀请 yāoqǐng 초청(하다), 초대(하다)
趁 chèn 이용해서, 틈타서
热 rè 덥다, 뜨겁다
慢 màn 느리다

---

1 맛있게 드세요

- '맛있게 드세요!'라는 말을 중국어로 할 때는 '请多吃! Qǐng duō chī!'라고 해요. 중국어에는 '맛있게 드세요.', '맛있게 먹겠습니다.'라는 표현이 없기 때문에 이 표현으로 대체하면 돼요. 상대에게 음식을 대접하는 입장이라면 식사 중간중간에 계속 손님에게 음식이 부족하지 않은지 세심하게 살펴 주세요.

좀 더 드세요. **再吃点儿吧。**
Zài chī diǎnr ba.

2 초대에 감사하기

- '谢谢今天的热情款待。Xièxie jīntiān de rèqíng kuǎndài.'는 초대에 감사함을 표현하는 말로, '오늘의 친절한 환대에 감사합니다.'라는 뜻이에요. '谢谢 xièxie' 대신 '感谢 gǎnxiè'라고 말하면 훨씬 더 정식의 표현이 돼요.

이번 회의에 참석해 주셔서 감사합니다. **谢谢你们来参加这次会议。**
Xièxie nǐmen lái cānjiā zhècì huìyì.

초대해 주셔서 대단히 감사합니다. **非常感谢您的邀请。**
Fēicháng gǎnxiè nín de yāoqǐng.

식사 자리에서 자주 들을 수 있는 말 중 하나인 '趁热吃。Chèn rè chī.'는 '따뜻할 때 드세요.'라는 뜻이에요. '请慢用。Qǐng màn yòng.'은 '천천히 드세요(맛있게 드세요).'라는 뜻인데, 주로 식당 종업원이 하는 말이에요. 그리고 식사 후에 '감사합니다.', '잘 먹었습니다.'라는 표현은 '谢谢。我吃好了。Xièxie. Wǒ chī hǎo le.'라고 말하면 돼요. 중국 사람들은 음식을 풍성하게 시키는 것이 예의라고 생각하기 때문에 손님이 너무 깨끗하게 다 먹으면 부족하게 대접했다고 생각해서 음식을 계속 권해요. 배불러서 그만 먹고 싶다면, 앞 접시에 음식을 조금 남겨 놓으세요.

➜ 빈칸에 다양한 표현을 넣어 큰 소리로 연습해 보세요.

조금도 ~하지 않다

一点儿也不 ____ 。
Yìdiǎnr yě bù

麻烦 máfan 귀찮다	难 nán 어렵다	简单 jiǎndān 간단하다

远 yuǎn 멀다	油腻 yóunì 기름지다

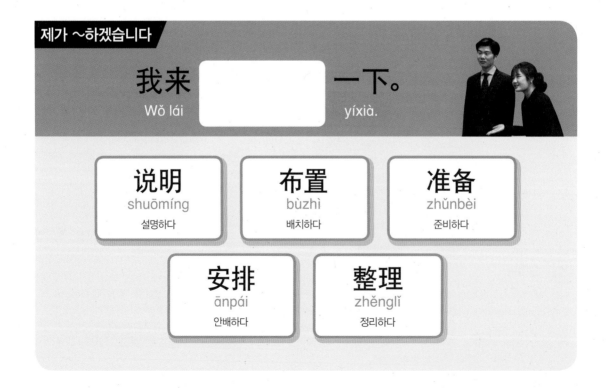

제가 ~하겠습니다

我来 ____ 一下。
Wǒ lái   yíxià.

说明 shuōmíng 설명하다	布置 bùzhì 배치하다	准备 zhǔnbèi 준비하다

安排 ānpái 안배하다	整理 zhěnglǐ 정리하다

~을 먹는 걸 좋아해요?

您喜欢吃 ⬜ 吗?
Nín xǐhuan chī ma?

韩国菜
hánguócài
한국 요리

日本菜
rìběncài
일본 요리

越南菜
yuènáncài
베트남 요리

泰国菜
tàiguócài
태국 요리

意大利菜
yìdàlìcài
이탈리아 요리

~에 감사합니다

谢谢 ⬜ 。
Xièxie

你们的招待
nǐmen de zhāodài
당신들의 접대

你的祝福
nǐ de zhùfú
당신의 축하

你们的配合
nǐmen de pèihé
당신들의 협조

你的夸奖
nǐ de kuājiǎng
당신의 칭찬

뿜뿜 대화 체험하기

➜ 우리말 대본을 참고하여, 아래 영상에서 소리가 빈 부분을 중국어로 말해 보세요.

거래처와 식사하다

리 팀장 — 안녕하세요! 오시느라 수고하셨습니다!

하나도 안 힘들었어요. — 김 주임

제가 소개할게요, 이분은 메이샹화장품의 박민호 팀장님입니다. — 김 주임

리 팀장 — 안녕하세요! 저는 싱롱쇼핑센터 해외부의 팀장, 리리입니다.

처음 뵙겠습니다, 잘 부탁드립니다! — 박 팀장

리 팀장 — 처음 뵙겠습니다, 이건 제 명함입니다.

- -

리 팀장 — 앉으세요, 중국 요리 드시는 것을 좋아하세요?

저는 중국 요리를 아주 좋아합니다! — 박 팀장

리 팀장 — 그럼 너무 잘됐네요! 많이 드세요!

오늘 환대해 주셔서 감사합니다. — 박 팀장

쏙쏙 문장 만들기

1. 우리말 대화를 보고, 중국어 문장을 완성해 보세요.

   1) A: 오시느라 수고하셨습니다!

      _____ !

      B: 하나도 안 힘들었어요.

      _____ 。

   2) A: 처음 뵙겠습니다, 잘 부탁드립니다!

      _____ , _____ 关照 !

      B: 이건 제 명함입니다.

      _____ 。

2. 주어진 단어를 이용하여, 중국어 문장을 만들어 보세요.

   1) 저는 중국 요리를 아주 좋아합니다!

非常	/	中国菜	/	喜欢	/	我
fēicháng		zhōngguócài		xǐhuan		wǒ

   ➡ _____

   2) 그럼 너무 잘됐네요! 많이 드세요!

请	/	太	/	好	/	吃	/	那	/	多	/	了
qǐng		tài		hǎo		chī		nà		duō		le

   ➡ _____

   3) 오늘 환대해 주셔서 감사합니다.

今天	/	热情	/	的	/	款待	/	谢谢
jīntiān		rèqíng		de		kuǎndài		xièxie

   ➡ _____

정답 1. 1) A: 路上辛苦了 B: 一点儿也不辛苦 2) A: 初次见面, 请多 B: 这是我的名片
2. 1) 我非常喜欢中国菜! 2) 那太好了! 请多吃! 3) 谢谢今天的热情款待。

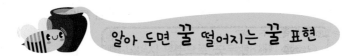

알아 두면 꿀 떨어지는 꿀 표현

중국의 식사 예절에는 앉는 자리부터 음식의 순서까지 정해진 규칙이 있어요.
거래처와의 식사 자리에서 꿀팁이 될 중국의 식사 예절을 알아봅시다.

좌석 배치는 중요한 사람일수록 문에서 먼 쪽에 앉고, 서열이 낮을수록 문에 가까운 자리나 문을 등진 자리에 앉아요. 자리에 앉으면 먼저 따뜻한 차가 나오고, 요리는 '차가운 요리(凉菜) - 따뜻한 요리(热菜) - 탕류(汤类) - 주식(主食)' 순으로 나와요. 차가운 요리로 입맛을 돋우며 술을 함께 곁들이기도 해요. 그리고 요리의 균형을 맞춰 풍성하게 손님을 내집하며, 요리를 천천히 즐긴 후 주식(밥이나 만토우, 면 종류)을 먹어요.

요리가 나오면 손님이나 윗사람에게 먼저 권하는 것이 예의예요. 음식을 먹을 때는 원형 탁자를 돌려가며 각자 앞 접시에 먹을 만큼 덜어 먹는데, 반드시 공용 젓가락을 사용해야 해요. 개인 젓가락으로 음식을 집는 일이 없도록 조심해야 하죠. 중국은 젓가락으로 밥을 먹기 때문에 밥그릇을 들고 먹고, 숟가락은 탕을 떠먹을 때만 사용한다는 것도 우리 문화와 다른 점이에요.

또, 중요한 손님을 초대한 자리에는 생선 요리가 빠지지 않는데요. 생선을 뜻하는 '鱼 yú'가 '여유롭다'라는 뜻의 한자 '余 yú'와 발음이 같아서 '풍요로움'을 의미하기 때문이죠. 생선 요리를 먹을 때 주의할 점은 절대 뒤집으면 안 된다는 거예요. '翻鱼 fān yú'는 '생선을 뒤집다'라는 뜻인데, '翻 fān'에 '배가 뒤집히다'라는 의미도 있어서 사업이나 일이 뒤집힐 수 있다고 생각하기 때문이에요.

중국 손님이 한국에 왔을 때는 다양한 한국 음식을 맛볼 수 있도록 한정식을 접대하는 것이 좋고, 한국 문화를 체험할 수 있는, 구워 먹는 불고기 같은 종류도 좋아요. 중국 사람은 좌식 생활을 하지 않아 방바닥에 앉는 것을 불편해하니, 입식에 따로 방이 마련된 식당에서 여유로운 식사 자리가 되도록 준비하면 좋아요.

술자리를 갖다

상황 관찰하기

为我们的合作干杯!

상황 식당에서 리 팀장이 술을 권하고 다 함께 건배합니다.

리 팀장

 박 팀장

 김 주임   장 주임

등장인물

강의 보기

닌 후이 허 지우 마?
您会喝酒吗?

워 후이 허 지우!
我会喝酒!

나 닌 쯔다오 마오타이지우 마?
那您知道茅台酒吗?

쯔다오! 팅슈어 마오타이지우 스 쫑구어 더 밍지우!
知道! 听说茅台酒是中国的名酒!

뚜이, 나 닌 허 구어 마?
对, 那您喝过吗?

워 메이요우 허 구어.
我没有喝过。

닌 창 이 창, 워 찡 닌 이 뻬이.
您尝一尝, 我敬您一杯。

씨에씨에!
谢谢!

라이! 웨이 워먼 더 허쭈어 깐뻬이!
来! 为我们的合作干杯!

깐뻬이! 쭈 워먼 허쭈어 슌리!
干杯! 祝我们合作顺利!

문장 익히기 ①

닌 후이 허 지우 마?
您会喝酒吗?
Nín huì hē jiǔ ma?
술 드실 수 있으세요?

워 후이 허 지우!
我会喝酒!
Wǒ huì hē jiǔ!
술 마실 수 있습니다!

喝 hē 마시다
酒 jiǔ 술
唱 chàng 노래하다
中国歌 zhōngguógē 중국 노래
瓶 píng 병
烧酒 shāojiǔ 소주
以 yǐ ~로써
茶 chá 차
代 dài 대신하다

---

1 조동사 会

- 조동사 '会 huì'는 '(배워서) 할 수 있다'라는 의미로, 뒤에 동사가 와요. 술도 모름지기 배워서 마시는 것! '술 마실 줄 아세요?'라는 표현에도 '会'를 넣어 '您会喝酒吗? Nín huì hē jiǔ ma?'라고 물어봐요. 부정형은 '不会 bú huì'라고 하면 돼요.

중국 노래 부를 수 있으세요?　**您会唱中国歌吗?**
Nín huì chàng zhōngguógē ma?

저는 중국 노래 못 불러요.　**我不会唱中国歌。**
Wǒ bú huì chàng zhōngguógē.

- '能 néng'도 '할 수 있다'라는 뜻인데, '능력이 있어서 할 수 있다'라는 의미예요.

소주 몇 병 마실 수 있어요?　**你能喝几瓶烧酒?**
Nǐ néng hē jǐ píng shāojiǔ?

저는 소주 3병 마실 수 있어요.　**我能喝三瓶烧酒。**
Wǒ néng hē sān píng shāojiǔ.

중국의 식사 자리에는 술이 빠지지 않아요. 중국은 우리와 술 문화가 조금 다른데요. 술잔은 절대 서로 돌리지 않고, 잔에 술이 남아 있어도 따라 주는 첨잔(添盞) 문화가 있어요. 특히 중요한 접대 자리에서는 윗사람의 술잔이 비지 않도록 살펴 따라 주는 것이 예의예요. 그리고 술잔을 받으면 오른손 검지와 중지를 구부려 테이블을 두 번 가볍게 두드려 감사를 표시해요. 중국은 술을 억지로 권하는 분위기가 아니니, 자기가 마실 만큼 조절하면 되는데요. 혹시 술을 마시지 못하는 상황이라면 '以茶代酒 yǐ chá dài jiǔ(차로 술을 대신하다)'라는 말로 정중히 사양하면 돼요.

제가 술을 못 마셔서요, 차로 술을 대신할게요.　我不会喝酒, 以茶代酒。
Wǒ bú huì hē jiǔ, yǐ chá dài jiǔ.

문장 익히기 ②

나 닌 쯔다오 마오타이지우 마?
那您知道茅台酒吗?
Nà nín zhīdào máotáijiǔ ma?
그러면 마오타이주를 아시나요?

쯔다오! 팅슈어 마오타이지우 스 쫑구어 더 밍지우!
知道! 听说茅台酒是中国的名酒!
Zhīdào! Tīngshuō máotáijiǔ shì Zhōngguó de míngjiǔ!
알죠! 마오타이주는 중국의 명주라고 들었습니다!

茅台酒 máotáijiǔ   마오타이주
听说 tīngshuō
　　　　　　듣자 하니 ~라 한다
名酒 míngjiǔ   명주
五粮液 wǔliángyè   우량예
二锅头酒 èrguōtóujiǔ
　　　　　　이과두주
部长 bùzhǎng   부장
酒量 jiǔliàng   주량
聚餐 jùcān   회식, 회식하다

---

1 ~을 아세요?

- '知道 zhīdào+A+吗? ma?'는 'A를 아세요?'라고 물어보는 표현이에요.

우량예(술 이름)를 아세요?　　### 您知道五粮液吗?
　　　　　　　　　　　　　　Nín zhīdào wǔliángyè ma?

이과두주(술 이름)를 아세요?　### 您知道二锅头酒吗?
　　　　　　　　　　　　　　Nín zhīdào èrguōtóujiǔ ma?

---

2 ~라고 들었어요

- '听说 tīngshuō~'는 '~라고 들었습니다'라는 뜻이에요. 'A에게 ~라고 들었습니다'라고 할 때는 '听 tīng+A+说 shuō~'라고 해서 听과 说 사이에 이야기를 전해 준 사람을 넣으면 돼요.

이 부장님의 주량이 세다고 들었습니다!　### 听说李部长的酒量很好!
　　　　　　　　　　　　　　　　　　Tīngshuō Lǐ bùzhǎng de jiǔliàng hěn hǎo!

김 주임에게 내일 회식이 있다고 들었어요.　### 听金主任说明天有聚餐。
　　　　　　　　　　　　　　　　　　Tīng Jīn zhǔrèn shuō míngtiān yǒu jùcān.

흔히 중국술을 고량주(高粱酒 gāoliángjiǔ)라고 알고 있죠? 고량주는 백주(白酒 báijiǔ)의 한 종류로, 수수로 만든 술이에요. 중국 백주 중 가장 유명한 마오타이주(茅台酒 máotáijiǔ)는 800년이 넘는 역사를 지닌 중국의 국주(国酒)로, 세계 3대 명주에 꼽히는 술이에요. 미국 닉슨 대통령이 중국을 방문했을 때 마오쩌둥 주석이 만찬주(만찬용 술)로 쓰면서 더욱 유명해졌어요. 마오타이주는 비싼 가격 때문에 사치품에 포함되기도 하는데요. 중요한 자리나 귀한 손님께 대접하기에 더할 나위 없이 좋지만, 가짜 상품도 많다고 하니 살 때 특히 주의하세요.

문장 익히기 ③

뚜이, 나 닌 허 구어 마?
对，那您喝过吗?
Duì, nà nín hē guo ma?
맞아요, 그럼 드셔 보셨어요?

워 메이요우 허 구어.
我没有喝过。
Wǒ méiyǒu hē guo.
안 마셔 봤습니다.

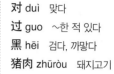
对 duì 맞다
过 guo ~한 적 있다
黑 hēi 검다, 까맣다
猪肉 zhūròu 돼지고기

---

1 경험 묻기

- '동사+过 guo'는 '~한 적 있다'라는 뜻으로, 경험을 묻고 답할 때 쓰는 표현이에요. 목적어는 '过' 뒤에 위치해요. 부정형은 '没(有) méi(yǒu)+동사+过 guo'라고 하고, '有'는 생략해도 돼요.

제주도에 가 본 적 있으세요?　　**您去过济州岛吗?**
Nín qù guo Jìzhōudǎo ma?

저는 제주도에 가 본 적 있어요.　　**我去过济州岛。**
Wǒ qù guo Jìzhōudǎo.

그럼 흑돼지 드셔 보셨어요?　　**那您吃过黑猪肉吗?**
Nà nín chī guo hēizhūròu ma?

저는 안 먹어 봤어요.　　**我没有吃过。**
Wǒ méiyǒu chī guo.

중국에는 지방마다 특산주가 있기 때문에 그 지역의 술을 맛보는 게 좋아요. 또, 중국에서 명주로 꼽히는 술을 알아 두었다가 술을 선물하거나 받을 때 좋은 술을 알아본다면, 더욱 안목 있는 사람이 될 수 있겠죠? 중국에서 유명한 술을 알아볼까요?

마오타이지우	우량예	찌앤난춘	루쪼우라오찌아오	시펑지우
茅台酒	五粮液	剑南春	泸州老窖	西凤酒
máotáijiǔ	wǔliángyè	jiànnánchūn	lúzhōulǎojiào	xīfèngjiǔ
펀지우	구징꽁지우	동지우	양허따취	랑지우
汾酒	古井贡酒	董酒	洋河大曲	郎酒
fénjiǔ	gǔjǐnggòngjiǔ	dǒngjiǔ	yánghédàqū	lángjiǔ

문장 익히기 ④

닌 창 이 창, 워 찡 닌 이 뻬이.
您尝一尝，我敬您一杯。
Nín cháng yi cháng, wǒ jìng nín yì bēi.
맛 좀 보세요, 제가 한잔 올리겠습니다.

씨에씨에!
谢谢！
Xièxie!
감사합니다!

尝 cháng	맛보다
敬 jìng	공손히 드리다, 올리다
杯 bēi	잔(단위)
看 kàn	보다
试 shì	시험 삼아 해 보다
大家 dàjiā	여러분
敬酒 jìngjiǔ	술을 권하다
提 tí	들어 올리다
句 jù	마디(단위)

1 좀 ~해 보다

- '동사+一 yi+동사'는 '좀 ~해 보다'라는 뜻이에요. 짧고 가벼운 행동을 할 때 자주 쓰는 표현이에요.

제가 좀 봐도 될까요? **我可以看一看吗?**
Wǒ kěyǐ kàn yi kàn ma?

한번 입어(해) 보세요. **您试一试。**
Nín shì yi shì.

2 건배 제의

- 건배를 제의할 때는 '敬 jìng+대상+一杯 yì bēi'의 형식으로 '~에게 한잔 올리겠습니다'라고 말해요.

제가 여러분께 한잔 올리겠습니다! **我敬大家一杯!**
Wǒ jìng dàjiā yì bēi!

- 건배 제의는 '给 gěi+대상+敬酒 jìngjiǔ'의 형식으로도 말하는데요. '我给大家敬酒! Wǒ gěi dàjiā jìngjiǔ!'는 '제가 여러분께 술을 올리겠습니다'라는 뜻이에요. 또는 직설적으로 '提杯! Tíbēi!(잔을 들어 올리세요!)'라거나, 자연스럽게 '我来说两句! Wǒ lái shuō liǎng jù!(제가 몇 마디 하겠습니다!)'라는 말로도 건배를 제의해요.

- 술과 관련된 몇 가지 표현을 함께 알아 두세요.

필름이 끊기다	断片儿 duànpiānr	술주정하다	耍酒疯 shuǎ jiǔfēng
술을 끊다	戒酒 jièjiǔ	벌주를 마시다	喝罚酒 hē fájiǔ

문장 익히기 ⑤

라이! 웨이 워먼 더 허쮜어 깐뻬이!
来! 为我们的合作干杯!
Lái! Wèi wǒmen de hézuò gānbēi!
자! 우리의 협력을 위하여 건배!

깐뻬이! 쮜 워먼 허쮜어 슌리!
干杯! 祝我们合作顺利!
Gānbēi! Zhù wǒmen hézuò shùnlì!
건배! 우리의 순조로운 협력을 바라며!

为 wèi ~을 위해
合作 hézuò 협력하다
干杯 gānbēi 건배하다
祝 zhù 축원하다
顺利 shùnlì 순조롭다
友谊 yǒuyì 우정
成功 chénggōng 성공(하다)
身体 shēntǐ 몸, 신체
健康 jiànkāng 건강하다
事业 shìyè 사업
万事如意 wànshìrúyì
　　모든 일이 뜻대로 이루어지다
随意 suíyì 뜻대로 하다

1 ~을 위하여 건배!

- '为 wèi~干杯 gānbēi!'는 '~을 위하여 건배!'라는 말로, 가장 일반적인 건배사예요.

우리의 우정을 위하여 건배!
为我们的友谊干杯!
Wèi wǒmen de yǒuyì gānbēi!

우리 회의의 성공을 위하여 건배!
为我们会议的成功干杯!
Wèi wǒmen huìyì de chénggōng gānbēi!

2 ~하기를 바랍니다

- 축원하는 말 앞에 '祝 zhù'를 붙이면 '~하기를 바랍니다', '축원합니다'라는 뜻이에요. '생일 축하합니다!'
는 '祝你生日快乐! Zhù nǐ shēngrì kuàilè!'라고 하죠? 풀이하면 '행복한 생일이 되기를 바랍니다!'라
는 뜻이에요.

모두 건강하고, 하는 사업이 잘 되기를 바랍니다!
祝大家身体健康, 事业顺利!
Zhù dàjiā shēntǐ jiànkāng, shìyè shùnlì!

모두 뜻하는 모든 일 이루기를 바랍니다!
祝大家万事如意!
Zhù dàjiā wànshìrúyì!

'干杯! Gānbēi!'는 '건배!'라는 뜻인데, '干 gān'이 '마르다', '杯 bēi'가 '잔'이므로 '잔을 마르게 하다', 즉 '원샷하다'라는 의미도 있
어요. 하지만, 원샷하라고 강조할 때는 주로 '干! Gān!(원샷)'이라고 동사만 써서 말해요. 반대로 '드시고 싶은 만큼 드세요.'라는 표
현은 '随意 suíyì'라고 말해요.

저는 원샷했어요, 모두 드시고 싶은 만큼 드세요!　　我干了, 大家随意吧!
　　　　　　　　　　　　　　　　　　　　　　Wǒ gān le, dàjiā suíyì ba!

→ 빈칸에 다양한 표현을 넣어 큰 소리로 연습해 보세요.

~라고 들었어요

听说 _____.
Tīngshuō

您升职了
nín shēngzhí le
당신이 승진했다

今天是您的生日
jīntiān shì nín de shēngrì
오늘이 당신의 생일이다

他调到别的部门了
tā diào dào biéde bùmén le
그가 다른 부서로 이동했다

他跳槽了
tā tiàocáo le
그가 이직했다

~한 적 없어요

我没有 _____ 过。
Wǒ méiyǒu guo.

学
xué
배우다

输
shū
지다

赢
yíng
이기다

迟到
chídào
지각하다

用
yòng
사용하다

～을 위하여 건배

为 ⬚⬚⬚⬚⬚ 干杯!
Wèi   gānbēi!

我们的友谊
wǒmen de yǒuyì

우리의 우정

我们的健康
wǒmen de jiànkāng

우리의 건강

公司的发展
gōngsī de fāzhǎn

회사의 발전

新项目的成功
xīn xiàngmù de chénggōng

새 프로젝트의 성공

～하기를 바랍니다

祝 ⬚⬚⬚⬚⬚ !
Zhù   !

你好运
nǐ hǎoyùn

당신에게 행운이 있다

你幸福
nǐ xìngfú

당신이 행복하다

你事业顺利
nǐ shìyè shùnlì

당신의 사업이 순조롭다

大家万事如意
dàjiā wànshìrúyì

모두 하는 일이 뜻대로 이루어지다

뿜뿜 대화 체험하기

➜ 우리말 대본을 참고하여, 아래 영상에서 소리가 빈 부분을 중국어로 말해 보세요.

술자리를 갖다

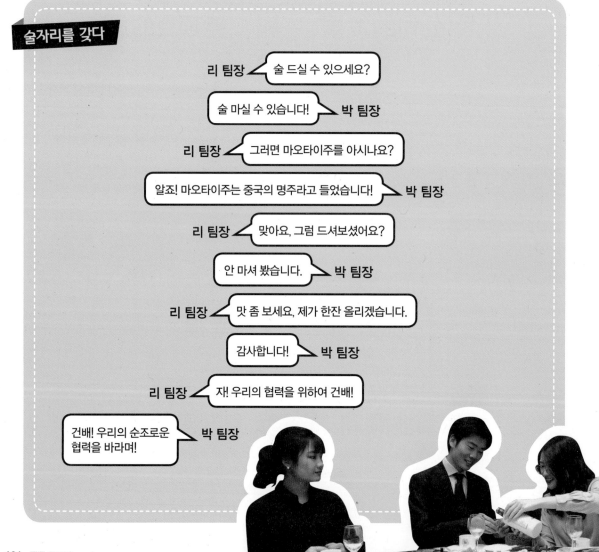

리 팀장 ─ 술 드실 수 있으세요?

술 마실 수 있습니다! ─ 박 팀장

리 팀장 ─ 그러면 마오타이주를 아시나요?

알죠! 마오타이주는 중국의 명주라고 들었습니다! ─ 박 팀장

리 팀장 ─ 맞아요, 그럼 드셔보셨어요?

안 마셔 봤습니다. ─ 박 팀장

리 팀장 ─ 맛 좀 보세요, 제가 한잔 올리겠습니다.

감사합니다! ─ 박 팀장

리 팀장 ─ 자! 우리의 협력을 위하여 건배!

건배! 우리의 순조로운 협력을 바라며! ─ 박 팀장

쏙쏙 문장 만들기

1. 우리말 대화를 보고, 중국어 문장을 완성해 보세요.

   1) A: 술 드실 수 있으세요?

      您 _____ ?

      B: 술 마실 수 있습니다!

      我 _____ !

   2) A: 그러면 마오타이주를 아시나요?

      那您 _____ 茅台酒 _____ ?

      B: 마오타이주는 중국의 명주라고 들었습니다!

      _____ 茅台酒 _____ !

2. 주어진 단어를 이용하여, 중국어 문장을 만들어 보세요.

   1) 맛 좀 보세요, 제가 (당신께) 한잔 올리겠습니다.

一	尝	您	尝	我	敬	杯	一	您
yī	cháng	nín	cháng	wǒ	jìng	bēi	yì	nín

   ➡ _____

   2) 우리의 협력을 위하여 건배!

干杯	我们	的	为	合作
gānbēi	wǒmen	de	wèi	hézuò

   ➡ _____

   3) 우리의 순조로운 협력을 바라며!

我们	顺利	合作	祝
wǒmen	shùnlì	hézuò	zhù

   ➡ _____

정답 1. 1) A: 会喝酒吗　B: 会喝酒　2) A: 知道, 吗　B: 听说, 是中国的名酒
2. 1) 您尝一尝, 我敬您一杯。　2) 为我们的合作干杯!　3) 祝我们合作顺利!

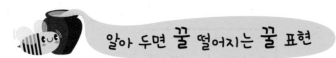

알아 두면 꿀 떨어지는 꿀 표현

술자리에서 적절한 고전 문구로 인문적 소양을 드러내거나

적절한 농담으로 흥을 북돋아 주세요.

중국인들과의 친밀감을 더욱 높일 수 있어요.

먼 곳에서 손님이 오셨을 때

친구가 먼 곳에서 오니, 어찌 기쁘지 아니한가.

有朋自远方来, 不亦乐乎。 – 논어 구절

Yǒu péng zì yuǎnfāng lái, bú yì lè hū.

술을 많이 마시자고 권할 때

술은 마음이 통하는 친구와 마시면 천 잔도 적다.

酒逢知己千杯少。 – 송대(宋代) 구양수의 시

Jiǔ féng zhījǐ qiān bēi shǎo.

감정이 깊으면 한 번에 다 마시고, 감정이 옅으면 핥아 마시듯 마셔요!

感情深一口闷, 感情浅舔一舔!

Gǎnqíng shēn yì kǒu mēn, gǎnqíng qiǎn tiǎn yi tiǎn!

코가 삐뚤어지게 마셔 봅시다. 취하지 않으면 집에 가기 없기!

一醉方休。不醉不归!

Yí zuì fāng xiū. Bú zuì bù guī!

| 远方 yuǎnfāng 먼 곳 |
| 逢 féng 만나다 |
| 知己 zhījǐ 절친한 친구 |
| 感情 gǎnqíng 감정 |
| 深 shēn 깊다 |
| 闷 mēn 꼭 덮다 |
| 浅 qiǎn 얕다 |
| 舔 tiǎn 핥다 |
| 粮食 liángshi 양식, 식량 |
| 精 jīng 정제한, 정화 |
| 年轻 niánqīng 젊다 |
| 痛快 tòngkuài 통쾌하다 |

술은 곡식의 정화이니, 마실수록 젊어져요!

酒是粮食精, 越喝越年轻!

Jiǔ shì liángshi jīng, yuè hē yuè niánqīng!

오늘 밤 우리 거나하게 마십시다!

今晚我们喝个痛快吧!

Jīnwǎn wǒmen hē ge tòngkuài ba!

중국 회사를 방문하다

상황 관찰하기

我们跟李经理约好
两点见面。

상황 김 주임과 박 팀장이 리 팀장을 만나기 위해 싱롱쇼핑센터를 방문합니다.

리 팀장

현지 직원

 김 주임

강의 보기

등장인물

박 팀장

➡ MP3 음원을 들으며 대화 내용과 발음을 확인해 보세요.

칭원, 닌 요우 션머 스?
请问，您有什么事?

워먼 껀 리 찡리 위에하오 리양 디앤 찌앤미앤.
我们跟李经理约好两点见面。

니먼 스 나 거 꽁쓰 더?
你们是哪个公司的?

워먼 스 한구어 메이시앙 후아주앙핀 꽁쓰 더.
我们是韩国美想化妆品公司的。

하오, 칭 짜이 쩔 샤오 덩 이시아.
好，请在这儿稍等一下。

니먼 허 차 하이스 허 카페이?
你们喝茶还是喝咖啡?

이 뻬이 차, 이 뻬이 카페이. 씨에씨에!
一杯茶，一杯咖啡。谢谢!

리 찡리, 커런 짜이덩 저 닌 너.
李经理，客人在等着您呢。

하오 더! 워 꾸어취.
好的! 我过去。

문장 익히기 ①

칭원,　닌 요우 션머 스?
请问，您有什么事?
Qǐngwèn, nín yǒu shénme shì?
실례합니다, 무슨 일이십니까?

워먼　껀 리　찡리 위에하오 리양 디앤 찌앤미앤.
我们跟李经理约好两点见面。
Wǒmen gēn Lǐ jīnglǐ yuēhǎo liǎng diǎn jiànmiàn.
저희는 리 팀장님과 두 시에 만나기로 약속했습니다.

跟 gēn　~와, ~과
约 yuē　약속하다
问题 wèntí　문제, 질문
问 wèn　묻다
红参 hóngshēn　홍삼
好处 hǎochu　좋은 점
总 zǒng　사장
提前 tíqián　앞당기다
预约 yùyuē　예약(하다)

---

1 방문 목적 묻기/有什么~?

- '有什么~ yǒu shénme~?'는 '무슨 ~이(가) 있어요?'라는 뜻이에요. '您有什么事? Nín yǒu shénme shì?'은 '무슨 일이세요?'라는 의미예요.

저한테 무슨 질문 있으세요?　　**你有什么问题要问我吗?**
　　　　　　　　　　　　　　Nǐ yǒu shénme wèntí yào wèn wǒ ma?

홍삼을 먹으면 무슨 좋은 점이 있어요?　**吃红参有什么好处?**
　　　　　　　　　　　　　　　　　Chī hóngshēn yǒu shénme hǎochu?

---

2 방문 목적 말하기

- '누구누구와 몇 시에 만나기로 약속했다'라고 방문 목적을 말할 때는 '跟 gēn+대상+约好 yuēhǎo+시각+见面 jiànmiàn'의 형식으로 말해요. '约好 yuēhǎo'는 '약속했다'라는 뜻인데, '约'는 '약속하다'라는 뜻이고, '好'는 동사 뒤에서 '~했다'라는 의미를 더해 주는 결과 보어예요.

저는 왕 사장님과 4시에 만나기로 약속했습니다.　**我跟王总约好四点见面。**
　　　　　　　　　　　　　　　　　　　　Wǒ gēn Wáng zǒng yuēhǎo sì diǎn jiànmiàn.

회사에 방문할 때 미리 약속 시각을 정하는 것을 '预约 yùyuē'라고 해요. 또, 상대가 우리 회사를 방문했을 때 미리 약속을 정했는지 확인하는 표현도 함께 알아 두세요.

미리 약속하셨나요?　**您提前预约了吗?**　　　　약속했어요.　**预约了。**
　　　　　　　　　Nín tíqián yùyuē le ma?　　　　　　　　　Yùyuē le.

문장 익히기 ❷

니먼 스 나 거 꽁쓰 더?
你们是哪个公司的?
Nǐmen shì nǎ ge gōngsī de?
당신들은 어느 회사 분들이십니까?

워먼 스 한구어 메이시앙 후아주앙핀 꽁쓰 더.
我们是韩国美想化妆品公司的。
Wǒmen shì Hánguó Měixiǎng huàzhuāngpǐn gōngsī de.
저희는 한국 메이샹화장품 회사 사람입니다.

哪 nǎ 어느
韩国 Hánguó 한국
国家 guójiā 국가, 나라

---

1 신분 확인하기

• '你们是哪个公司的? Nǐmen shì nǎ ge gōngsī de?'는 '당신들은 어느 회사 사람입니까?'라는 뜻으로, '的 de' 뒤에 '人 rén(사람)'이 생략된 표현이에요. 대답할 때도 문장 끝에 '人'을 생략하고 말하면 돼요.

당신들은 어느 회사 사람입니까? **你们是哪个公司的?**
Nǐmen shì nǎ ge gōngsī de?

우리는 씽씽전자 사람입니다. **我们是星星电子的。**
Wǒmen shì Xīngxīng diànzǐ de.

당신들은 어느 나라 사람입니까? **你们是哪个国家的?**
Nǐmen shì nǎ ge guójiā de?

우리는 한국 사람입니다. **我们是韩国的。**
Wǒmen shì Hánguó de.

• '어디에서 오셨습니까?'라고 물을 때는 전치사 '从 cóng(~로 부터)'을 써서 물어요.
당신들은 어디에서 오셨습니까? 你们是从哪儿来的?
Nǐmen shì cóng nǎr lái de?
저희는 씽씽전자에서 왔습니다. 我们是从星星电子来的。
Wǒmen shì cóng Xīngxīng diànzǐ lái de.

• 회사는 '公司 gōngsī', 기업은 '企业 qǐyè', 그룹은 '集团 jítuán'이라고 해요. 명함을 보면 회사의 규모를 파악할 수 있는데요. '有限责任公司 yǒuxiàn zérèn gōngsī(유한 책임 회사)'는 자본금이 최소 십만 위안 이상인 주식회사이고, '股份有限公司 gǔfèn yǒuxiàn gōngsī(유한 주식회사)'는 자본금이 천만 위안 이상인 주식회사, '集团公司 jítuán gōngsī(그룹 회사)'는 자회사를 거느린 그룹사, '控股公司 kònggǔ gōngsī(지주 회사)'는 자본금의 규모가 큰 회사를 나타내요.

문장 익히기 ③

하오, 칭 짜이 쩔 샤오 덩 이시아.
好，请在这儿稍等一下。
Hǎo, qǐng zài zhèr shāo děng yíxià.
네, 여기에서 잠시만 기다려 주세요.

这儿 zhèr	여기
稍 shāo	잠시, 잠깐
那儿 nàr	거기, 그곳
这边 zhèbiān	이쪽
拜访 bàifǎng	예를 갖추어 방문하다

1 안내하기

- '请 qǐng'은 '～해 주세요'라는 뜻으로, 영어의 'Please'에 해당하는 표현이에요. '稍 shāo'는 부사로 '잠시'라는 의미이고 '동사+一下 yíxià'는 '좀 ～하다'라는 뜻이므로, '请在 qǐng zài+장소+稍等一下 shāo děng yíxià'는 '～에서 잠시만 기다려 주세요'라는 표현이에요.

거기에서 잠시만 기다려 주세요. **请在那儿稍等一下。**
Qǐng zài nàr shāo děng yíxià.

회의실에서 잠시만 기다려 주세요. **请在会议室稍等一下。**
Qǐng zài huìyìshì shāo děng yíxià.

- 손님을 안내할 때 자주 쓰는 표현도 함께 알아 두세요.

이쪽으로 오세요. **请到这边来。**
Qǐng dào zhèbiān lái.

저를 따라오세요. **请跟我来。**
Qǐng gēn wǒ lái.

회사나 공장 등 장소를 방문하는 것을 '访问 fǎngwèn'이라고 하고, 사람을 찾아가는 것을 '拜访 bàifǎng'이라고 해요.

제가 당신을 찾아뵙고 싶은데, 언제 괜찮으세요?　**我想拜访您，您什么时候方便？**
Wǒ xiǎng bàifǎng nín, nín shénmeshíhou fāngbiàn?

문장 익히기 ④

니먼 허 차 하이스 허 카페이?
你们喝茶还是喝咖啡?
Nǐmen hē chá háishi hē kāfēi?
당신들은 차를 드시겠습니까, 아니면 커피를 드시겠습니까?

이 뻬이 차,   이 뻬이 카페이.   씨에씨에!
一杯茶, 一杯咖啡。谢谢!
Yì bēi chá, yì bēi kāfēi. Xièxie!
차 한 잔, 커피 한 잔이요. 감사합니다!

还是 háishi	~아니면
咖啡 kāfēi	커피
冰 bīng	얼음, 차갑다
可乐 kělè	콜라
雪碧 xuěbì	스프라이트
啤酒 píjiǔ	맥주
听 tīng	캔, 통(단위)
只 zhǐ	단지, 오직
常温 chángwēn	상온
冰块儿 bīngkuàir	얼음덩이

1 선택 의문문

- 'A+还是 háishi+B?'라는 표현은 'A 아니면 B?'라고 묻는 선택 의문문으로, 문장 끝에 '吗 ma'를 붙이지 않아요.

뜨거운 것을 드릴까요, 아니면 차가운 것을 드릴까요?
您要热的还是冰的?
Nín yào rè de háishi bīng de?

콜라를 드시겠습니까, 아니면 스프라이트를 드시겠습니까?
您喝可乐还是喝雪碧?
Ní hē kělè háishi hē xuěbì?

- '杯 bēi'는 '잔'을 세는 단위예요. '차 한 잔'을 중국어로 말할 때는 '수사+양사+명사'의 순서로 '一杯茶 yì bēi chá'라고 해요. 음료를 세는 단위 중 병을 세는 단위는 '瓶 píng', 캔을 세는 단위는 '听 tīng'이에요.

맥주 한 병 주세요!   ### 来一瓶啤酒!
Lái yì píng píjiǔ!

맥주 한 캔 주세요!   ### 来一听啤酒!
Lái yì tīng píjiǔ!

- 중국인들은 찬 음료가 몸에 좋지 않다는 인식을 가지고 있어서 찬 것을 즐기지 않아요. 그래서 차가운 음료를 원한다면, 주문할 때 꼭 찬 것이 있는지 물어야 해요. '(음료 등이) 차가운 것'은 '冰的 bīng de'라고 하고, 상온에 보관한 '미지근한 것'은 '常温的 chángwēn de'라고 해요.

차가운 것 있어요?   有冰的吗? Yǒu bīng de ma?
미지근한 것만 있어요.   只有常温的。 Zhǐ yǒu chángwēn de.
얼음이 든 컵을 주세요.   请给我一杯冰块儿。 Qǐng gěi wǒ yì bēi bīngkuàir.

- '사이다'는 중국어로 '汽水 qìshuǐ'인데요. 중국에서 '汽水'는 '탄산으로 된 모든 음료'를 가리켜요. 그래서 우리가 흔히 마시는 '흰 사이다'를 마시고 싶다면, '雪碧 xuěbì(스프라이트)'라는 메뉴를 꼭 집어 주문해야 해요.

문장 익히기 ❺

리 찡리,　　커런 짜이덩 저 닌 너.
李经理, 客人在等着您呢。
Lǐ jīnglǐ, kèrén zài děng zhe nín ne.
(리 팀장에게 전화) 리 팀장님, 손님께서 기다리고 계십니다.

하오 더!　워 꾸어취.
好的! 我过去。
Hǎo de! Wǒ guòqù.
네! 제가 건너갈게요.

着 zhe　~하고 있다, ~해 있다
呢 ne　어기 조사
过去 guòqù　건너가다
报告 bàogào　보고(하다), 보고서
站 zhàn　서다
顾客 gùkè　고객
外边 wàibian　밖, 바깥
天气 tiānqì　날씨
出去 chūqù　나가다, 외출하다
来到 láidào　오다, 도착하다

---

1 동작의 진행

- '在 zài+동사+着 zhe'는 동작의 진행과 지속을 나타내는 표현이에요. '在 zài'는 '~하고 있다'라는 뜻의 부사이고, 동태 조사 '着 zhe'는 동사나 형용사 뒤에서 동작이나 상태가 지속하고 있음을 나타내요. 문장 끝의 '呢 ne'는 말투를 부드럽게 하는 어기 조사이므로 생략해도 돼요. '客人在等着您呢。 Kèrén zài děng zhe nín ne.'를 풀이하면 '손님께서 당신을 기다리고 계십니다.'라는 뜻이에요.

저는 보고서를 보고 있어요.　　**我在看着报告(呢)。**
Wǒ zài kàn zhe bàogào (ne).

그는 서서 고객을 맞이하고 있어요.　**他在站着迎接顾客(呢)。**
Tā zài zhàn zhe yíngjiē gùkè (ne).

---

2 방향 보어

- '我过去。 Wǒ guòqù.'에서 '过 guò'는 동사로 '건너다'라는 뜻이고, 동사 뒤의 '来 lái/去 qù'는 동작의 방향을 설명하는 방향 보어예요.

당신이 건너오세요.　**你过来吧。**
Nǐ guòlái ba.

밖에 날씨가 좋아요, 우리 나갑시다.　**外边天气很好, 我们出去吧。**
Wàibian tiānqì hěn hǎo, wǒmen chūqù ba.

손님이 회사에 방문했을 때는 '欢迎来到我们公司! Huānyíng láidào wǒmen gōngsī!(저희 회사에 오신 것을 환영합니다!)'라는 표현으로 환영사를 해 주세요.

➔ 빈칸에 다양한 표현을 넣어 큰 소리로 연습해 보세요.

무슨 ~이 있어요?

有什么 〔　　　〕?
Yǒu shénme 〔　　　〕?

好吃的
hǎochī de
맛있는 것

好看的
hǎokàn de
예쁜 것

好玩儿的
hǎowánr de
재미있는 것

优点
yōudiǎn
장점

缺点
quēdiǎn
단점

그와 ~에 만나기로 했어요

我跟他约好 〔　　　〕 见面。
Wǒ gēn tā yuēhǎo 〔　　　〕 jiànmiàn.

一点
yī diǎn
한 시

两点
liǎng diǎn
두 시

三点
sān diǎn
세 시

四点
sì diǎn
네 시

五点
wǔ diǎn
다섯 시

请在 ▢ 稍等一下。
Qǐng zài shāo děng yíxià.

| 咖啡厅
kāfēitīng
커피숍 | 办公室
bàngōngshì
사무실 | 酒店
jiǔdiàn
호텔 |

| 工厂
gōngchǎng
공장 | 停车场
tíngchēchǎng
주차장 |

你 ▢ 还是 ▢ ?
Nǐ háishi ?

| 明天来 / 后天来
míngtiān lái / hòutiān lái
내일 오다 / 모레 오다 | 去南山 / 去汉江
qù Nánshān / qù Hànjiāng
남산에 가다 / 한강에 가다 |
| 喝啤酒 / 喝烧酒
hē píjiǔ / hē shāojiǔ
맥주를 마시다 / 소주를 마시다 | 要单程的 / 往返的
yào dānchéng de / wǎngfǎn de
편도를 원하다 / 왕복(을 원하다) |

뿜뿜 대화 체험하기

➔ 우리말 대본을 참고하여, 아래 영상에서 소리가 빈 부분을 중국어로 말해 보세요.

중국 회사를 방문하다

중국 직원 — 실례합니다, 무슨 일이십니까?

저희는 리 팀장님과 두 시에 만나기로 약속했습니다. — **김 주임**

중국 직원 — 당신들은 어느 회사 분들이십니까?

저희는 한국 메이샹화장품 회사 사람입니다. — **김 주임**

중국 직원 — 네, 여기에서 잠시만 기다려 주세요.

- -

중국 직원 — 당신들은 차를 드시겠습니까, 아니면 커피를 드시겠습니까?

차 한 잔, 커피 한 잔이요. 감사합니다! — **김 주임**

- -

중국 직원 — (리 팀장에게 전화) 리 팀장님, 손님께서 기다리고 계십니다.

네! 제가 건너갈게요. — **리 팀장**

쓱쓱 문장 만들기

1. 우리말 대화를 보고, 중국어 문장을 완성해 보세요.

   1) A: 당신들은 차를 드시겠습니까, 아니면 커피를 드시겠습니까?

   你们喝茶＿＿＿＿＿＿＿＿＿＿＿？

   B: 차 한 잔, 커피 한 잔이요. 감사합니다!

   一杯茶, ＿＿＿＿＿＿。＿＿＿＿！

   2) A: 손님께서 기다리고 계십니다.

   ＿＿＿＿＿＿＿＿＿＿您呢。

   B: 네! 제가 건너갈게요.

   ＿＿＿的! ＿＿＿＿＿＿＿＿！

2. 주어진 단어를 이용하여, 중국어 문장을 만들어 보세요.

   1) 저희는 리 팀장님과 두 시에 만나기로 약속했습니다.

   见面 / 李经理 / 两点 / 我们 / 约好 / 跟
   jiànmiàn   Lǐ jīnglǐ   liǎng diǎn   wǒmen   yuēhǎo   gēn

   ➡ ＿＿＿＿＿＿＿＿＿＿＿＿＿＿＿＿＿＿＿

   2) 당신들은 어느 회사 분들이십니까?

   你们 / 哪 / 公司 / 个 / 是 / 的
   nǐmen   nǎ   gōngsī   ge   shì   de

   ➡ ＿＿＿＿＿＿＿＿＿＿＿＿＿＿＿＿＿＿＿

   3) 여기에서 잠시만 기다려 주세요.

   这儿 / 一下 / 请 / 稍 / 等 / 在
   zhèr   yíxià   qǐng   shāo   děng   zài

   ➡ ＿＿＿＿＿＿＿＿＿＿＿＿＿＿＿＿＿＿＿

정답 1. 1) A: 还是喝咖啡 B: 一杯咖啡, 谢谢 2) A: 客人在等着 B: 好, 我过去
2. 1) 我们跟李经理约好两点见面。 2) 你们是哪个公司的? 3) 请在这儿稍等一下。

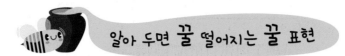

알아 두면 꿀 떨어지는 꿀 표현

중국에 사업 진출을 계획하고 있다면 중국어 네이밍에 공을 들여야 해요.

중국의 해음 문화(발음이 같은 단어의 의미를 동일하게 여기는 문화)뿐만 아니라 중국인들이 선호하거나 기피하는 문화를 이해하고 브랜드 이름을 지어야 성공적인 중국 진출을 위한 첫걸음을 뗐다고 할 수 있어요.

발음과 의미를 잘 살려 중국인들도 무릎을 '탁' 치게 만든 브랜드 이름은 어떤 것이 있는지 살펴보고, 중국에서 성공할 만한 멋진 이름도 한번 지어 보세요.

이외에도 뜻밖에 중국인들의 사랑을 받은 브랜드가 있는데요. 바로 우리나라의 '이화여자대학교'와 '아우디'예요. '이화여대'의 이름 중 '梨花 líhuā(이화)'는 '利发 lìfā(이득이 불어난다)'와 발음이 비슷해서 중국인 관광객들의 관광 명소가 되었고, 독일의 자동차 브랜드 '아우디 奥迪 àodí'는 로고의 모양이 숫자 8을 옆으로 눕혀 놓은 모양과 같아서 숫자 '8'을 사랑하는 중국에서 아주 큰 사랑을 받고 있어요.

제품을 설명하다

상황 관찰하기

虽然价格低,
但是质量很好!

상황 리 팀장이 메이샹화장품에 대해 질문하고, 박 팀장과 김 주임이 제품을 설명합니다.

강의 보기

등장인물 리 팀장 박 팀장 김 주임

워먼 이즈 뚜이 한구어 더 후아주앙핀 헌 간 씽취.
我们一直对韩国的化妆品很感兴趣。

워먼 씨왕 통구어 쩌츠 팡원 넝꼬우 찌앤리 허쭈어 꽌씨.
我们希望通过这次访问能够建立合作关系。

쩌 거 파이즈 짜이 한구어 더 쯔밍뚜 전머양?
这个牌子在韩国的知名度怎么样?

짜이 한구어 헌 요우밍, 총 취니앤 싼위에펀 카이스 이징 루쭈 바이후어샹띠앤 러.
在韩国很有名，从去年三月份开始已经入驻百货商店了。

꾸이 꽁쓰 더 찬핀 요우 션머 요우스?
贵公司的产品有什么优势?

쑤이란 찌아거 띠, 딴스 쯔량 헌 하오! 용 쫑구어 더 후아 슈어 '우메이찌아리앤'.
虽然价格低，但是质量很好！用中国的话说'物美价廉'。

씨앤짜이 짜이 한구어 헌 쇼우 니앤칭런 더 후안잉.
现在在韩国很受年轻人的欢迎。

워 씨앙씬 짜이 쫑구어 이에 이딩 후이 헌 쇼우 후안잉 더.
我相信在中国也一定会很受欢迎的。

요우 양핀 마?
有样品吗?

요우, 쩌 스 워먼 쭈이씬 앤쯔 더 후아주앙핀.
有，这是我们最新研制的化妆品。

쩌 거 요우 션머 꽁넝?
这个有什么功能?

쩌 스 주안먼 팡즈 피푸 라오후아 더.
这是专门防止皮肤老化的。

워먼 커이 스씨아오 쩌 거 찬핀 마?
我们可以试销这个产品吗?

땅란 커이!
当然可以!

문장 익히기 ❶

워먼 이즈 뚜이한구어 더 후아주앙핀 헌 간 씽취.
我们一直对韩国的化妆品很感兴趣。
Wǒmen yìzhí duì Hánguó de huàzhuāngpǐn hěn gǎn xìngqù.
저희는 줄곧 한국의 화장품에 대해 관심이 많았습니다.

워먼 씨왕 통구어 쩌츠 팡원
我们希望通过这次访问
Wǒmen xīwàng tōngguò zhècì fǎngwèn
저희는 이번 방문을 통해

넝꼬우 찌앤리 허쭈어 꽌씨.
能够建立合作关系。
nénggòu jiànlì hézuò guānxì.
협력 관계가 성립되기를 바랍니다.

对 duì ~에 대하여
感 gǎn 느끼다
兴趣 xìngqù 흥미
希望 xīwàng 희망하다, 바라다
通过 tōngguò ~을 통하다
能够 nénggòu 할 수 있다
建立 jiànlì 건립하다, 설립하다
关系 guānxì 관계
旅游 lǚyóu 여행하다
产业 chǎnyè 산업
展览会 zhǎnlǎnhuì 전람회
宣传 xuānchuán 홍보하다
产品 chǎnpǐn 제품, 상품

---

1 ~에 대해 관심이 많다

• '对 duì+A+很感兴趣 hěn gǎn xìngqù'는 'A에 대해 매우 흥미를 느낀다', '~에 대해 관심이 많다'라는 의미예요. '对+A+不感兴趣 bù gǎn xìngqù'는 '~에 대해 흥미를 느끼지 않는다', 즉 '~에 대해 관심이 없다'라는 의미예요.

저는 여행 산업에 관심이 많습니다. **我对旅游产业很感兴趣。**
Wǒ duì lǚyóu chǎnyè hěn gǎn xìngqù.

2 바라다

• '希望 xīwàng'은 '~을 희망하다', '바라다'라는 뜻이에요. '通过 tōngguò+A'는 'A를 통해서'이고, '能够 nénggòu'는 '~할 수 있다'라는 뜻이므로 '通过这次访问能够建立合作关系 tōngguò zhècì fǎngwèn nénggòu jiànlì hézuò guānxì'는 '이번 방문을 통해서 협력 관계가 성립될 수 있기를'이라고 풀이해요.

이번 전람회를 통해서 신제품을 홍보할 수 있기를 바랍니다.
希望通过这次展览会能够宣传新产品。
Xīwàng tōngguò zhècì zhǎnlǎnhuì nénggòu xuānchuán xīnchǎnpǐn.

중국과 관계를 맺고 일하는 사람이라면 '꽌시(关系 guānxì)'의 중요성에 대해 많이 들어 보았을 거예요. '꽌시'는 우리말로 '관계'라는 뜻이지만, 중국에서는 '관계' 그 이상의 의미를 가져요. 꽉 막혀 해결할 수 없던 문제가 꽌시 하나로 해결되는 상황도 종종 일어나죠. 하지만, 도움을 바라며 인위적인 꽌시를 맺기보다는 작은 꽌시라도 소홀히 여기지 않는 마음을 갖는 게 중요해요.

쩌 거 파이즈 짜이 한구어 더 쯔밍뚜 전머양?
这个牌子在韩国的知名度怎么样?
Zhè ge páizi zài Hánguó de zhīmíngdù zěnmeyàng?
이 브랜드는 한국에서의 인지도가 어떻습니까?

짜이 한구어 헌 요우밍, 총 취니앤 싼위에펀
在韩国很有名, 从去年三月份
Zài Hánguó hěn yǒumíng, cóng qùnián sānyuèfèn
한국에서 아주 유명합니다, 작년 3월부터는

카이스 이징 루쭈 바이후어상띠앤 러.
开始已经入驻百货商店了。
kāishǐ yǐjīng rùzhù bǎihuòshāngdiàn le.
이미 백화점에 입점했습니다.

知名度 zhīmíngdù 인지도
有名 yǒumíng 유명하다
去年 qùnián 작년
月份 yuèfèn 월
已经 yǐjīng 이미, 벌써
入驻 rùzhù 입점(입주)하다
百货商店
bǎihuòshāngdiàn 백화점
品牌 pǐnpái 브랜드
举行 jǔxíng 거행(개최)하다
促销活动 cùxiāo huódòng
판촉 행사

---

1 인지도

- '牌子 páizi'는 '간판'이라는 뜻과 기업에서 간판으로 내걸고 판매하는 '상표(브랜드)'라는 뜻이 있어요. 인지도는 '知名度 zhīmíngdù'라고 하는데, 그 정도를 '高 gāo(높다)/低 dī(낮다)'로 표현해요.

이 브랜드의 인지도가 높나요? **这个品牌知名度高吗?**
Zhè ge pǐnpái zhīmíngdù gāo ma?

인지도가 매우 높아요. **知名度很高。**
Zhīmíngdù hěn gāo.

---

2 ~부터/이미 ~했다

- '从 cóng~开始 kāishǐ'는 '~부터'라고 풀이하고, '已经 yǐjīng~了 le'는 '이미 ~했다'라는 뜻이에요.

이번 달부터 이미 판촉 행사를 진행했습니다.
从这个月开始已经举行促销活动了。
Cóng zhè ge yuè kāishǐ yǐjīng jǔxíng cùxiāo huódòng le.

지난달부터 저희 상품은 이미 일본에 수출되었습니다.
从上个月开始我们的产品已经出口到日本了。
Cóng shàng ge yuè kāishǐ wǒmen de chǎnpǐn yǐjīng chūkǒu dào Rìběn le.

'牌子 páizi'와 비슷한 의미의 '品牌 pǐnpái'는 '브랜드'라는 뜻으로, 기업에서 만드는 가치를 나타내요. '牌子'보다 조금 더 격식 있는 표현이에요. 이름 있는 상표(명품)는 '名牌 míngpái'라고 해요.

문장 익히기 ③

꾸이 꽁쓰 더 찬핀 요우 션머 요우스?
贵公司的产品有什么优势?
Guì gōngsī de chǎnpǐn yǒu shénme yōushì?
귀사의 상품은 어떤 장점이 있습니까?

쑤이란 찌아거 띠, 딴스 쯔량 헌 하오!
虽然价格低，但是质量很好!
Suīrán jiàgé dī, dànshì zhìliàng hěn hǎo!
비록 가격은 싸지만, 품질이 아주 좋습니다!

용 쫑구어 더 후아 슈어 '우메이찌아리앤'.
用中国的话说'物美价廉'。
Yòng Zhōngguó de huà shuō 'wùměijiàlián'.
중국 말로 '物美价廉(물건도 좋고 값도 저렴하다)'이라고 하죠.

优势 yōushì	장점, 우세
虽然 suīrán	비록 ~하지만
价格 jiàgé	가격
低 dī	낮다
但是 dànshì	그러나, 그렇지만
质量 zhìliàng	품질
物美价廉 wùměijiàlián	물건도 좋고 값도 저렴하다
款 kuǎn	양식, 스타일(단위)
最 zuì	가장, 제일
性价比 xìngjiàbǐ	가격 대비 성능
规模 guīmó	규모
销售额 xiāoshòu'é	매출액
货 huò	물품, 상품

---

1 장점 말하기

- '优势 yōushì'는 '장점'이라는 뜻이에요. 제품의 장점을 설명할 때 '最大的优势是 zuìdà de yōushì shì＋A(가장 큰 장점은 A이다)'라고 설명하면 돼요.

이 상품의 가장 큰 장점은 가성비가 높다는 것입니다.
这款产品最大的优势是性价比很高。
Zhè kuǎn chǎnpǐn zuìdà de yōushì shì xìngjiàbǐ hěn gāo.

2 비록 ~하지만

- '虽然 suīrán＋A , 但是 dànshì＋B'는 '비록 A하지만 B하다'라는 표현이에요. '用 yòng＋A＋话说 huà shuō'는 'A의 말로 말하면'이라는 뜻이에요.

비록 회사의 규모는 크지 않지만, 매출액은 높습니다.
虽然公司的规模不大，但是销售额很高。
Suīrán gōngsī de guīmó bú dà, dànshì xiāoshòu'é hěn gāo.

'物美价廉 wùměijiàlián'은 '물건은 아름답지만, 가격은 싸다', 즉 '질 좋고 값싸다'라는 뜻이에요. 이와 반대되는 말로 '싼 게 비지떡이다'라는 표현은 '一分钱一分货 yìfēn qián yìfēn huò'라고 하는데요. '1分(화폐 단위) 값어치에 해당하는 1分짜리 물건이다'라는 뜻이에요. 또, 가격 대비 성능을 '가성비'라고 하는데, '性价比高 xìngjiàbǐ gāo(가성비가 높다)' 또는 '性价比好 xìngjiàbǐ hǎo(가성비가 좋다)'라고 표현해요.

문장 익히기 ④

씨앤짜이 짜이 한구어 헌 쇼우 니앤칭런   더 후안잉.
现在在韩国很受年轻人的欢迎。
Xiànzài zài Hánguó hěn shòu niánqīngrén de huānyíng.
지금 한국에서 젊은 사람들에게 인기가 많습니다.

워 씨앙씬 짜이 쭝구어 이에 이딩 후이 헌 쇼우후안잉 더.
我相信在中国也一定会很受欢迎的。
Wǒ xiāngxìn zài Zhōngguó yě yídìng huì hěn shòu huānyíng de.
저는 중국에서도 반드시 인기가 많을 거라고 확신합니다.

受 shòu	받다
年轻人 niánqīngrén	젊은 사람
全世界 quán shìjiè	전 세계
市场 shìchǎng	시장
情况 qíngkuàng	상황
越来越 yuèláiyuè	점점 ~하다
目标 mùbiāo	목표
面膜 miànmó	마스크 팩
女性 nǚxìng	여성, 여자
畅销 chàngxiāo	잘 팔리다

1 환영을 받다

• '受欢迎 shòu huānyíng'은 '환영을 받다', '인기가 많다'라는 뜻으로, '受 shòu＋A的欢迎 de huānyíng'은 'A의 환영을 받다', 즉 'A에게 인기가 많다'라는 뜻이에요.

그녀는 중국에서 인기가 많아요.
她在中国很受欢迎。
Tā zài Zhōngguó hěn shòu huānyíng.

K-Pop은 전 세계에서 인기가 많습니다.
K-POP很受全世界的欢迎。
K-POP hěn shòu quán shìjiè de huānyíng.

2 반드시 ～할 거라고 확신하다

• '相信 xiāngxìn'은 '믿다'라는 뜻이고, '一定会 yídìng huì～的 de'는 '반드시 ～할 것이다'라는 뜻이에요. '相信＋A＋一定会＋B＋的'는 'A가 반드시 B할 거라고 확신한다'라는 의미예요.

저는 중국의 시장 상황이 점점 좋아질 거라고 확신합니다.
我相信中国的市场情况一定会越来越好的。
Wǒ xiāngxìn Zhōngguó de shìchǎng qíngkuàng yídìng huì yuèláiyuè hǎo de.

'타깃(target) 고객'은 '目标顾客 mùbiāo gùkè'라고 해요. 그리고 상품을 세는 양사 중 '款 kuǎn'은 제품의 한 스타일을 의미하는 단위예요. '잘 팔리다'라는 표현은 '畅销 chàngxiāo'라고 해요.

이 마스크 팩의 타깃 고객은 20～30세 사이의 젊은 여성입니다.
这款面膜的目标顾客是20到30岁的年轻女性。
Zhè kuǎn miànmó de mùbiāo gùkè shì èrshí dào sānshí suì de niánqīng nǚxìng.

이 상품은 국내에서 잘 팔립니다.
这款产品在国内畅销。
Zhè kuǎn chǎnpǐn zài guónèi chàngxiāo.

문장 익히기 ❺

요우 양핀 마?
有样品吗?
Yǒu yàngpǐn ma?
샘플이 있나요?

요우,
有,
Yǒu,
있습니다,

쩌 스 워먼 쭈이씬 옌쯔 더 후아주앙핀.
这是我们最新研制的化妆品。
zhè shì wǒmen zuìxīn yánzhì de huàzhuāngpǐn.
이것은 저희가 최신으로 연구 제작한 화장품입니다.

样品 yàngpǐn 견본(품), 샘플
最新 zuìxīn 최신의
研制 yánzhì 연구 제작하다
试用 shìyòng 시용하다
今年 jīnnián 금년, 올해
中药 zhōngyào 한방약
成分 chéngfèn 성분, 요소
推出 tuīchū 내놓다
智能手机 zhìnéng shǒujī 스마트폰
体验 tǐyàn 체험(하다)

---

1 샘플

• '样品 yàngpǐn'은 '샘플' 또는 '견본품'이라는 의미예요.

저희는 무료로 쓰는 샘플을 제공합니다. **我们提供免费试用的样品。**
Wǒmen tígōng miǎnfèi shìyòng de yàngpǐn.

---

2 연구 제작하다

• '研制 yánzhì'는 '研究制作 yánjiū zhìzuò'의 줄임말로, '연구 제작하다'라는 뜻이에요.

올해 저희는 한방 성분의 화장품을 연구 제작했습니다.
今年我们研制了中药成分的化妆品。
Jīnnián wǒmen yánzhì le zhōngyào chéngfèn de huàzhuāngpǐn.

상품을 '출시하다'라는 표현은 '推出 tuīchū'라고 해요.
올해 저희 회사에서 새 스마트폰을 출시했습니다. 今年我们公司推出了新款智能手机。
Jīnnián wǒmen gōngsī tuīchū le xīn kuǎn zhìnéng shǒujī.

여러분은 신제품을 체험할 수 있습니다. 你们可以体验新产品。
Nǐmen kěyǐ tǐyàn xīnchǎnpǐn.

쩌 거 요우 션머 꽁넝?
这个有什么功能?
Zhè ge yǒu shénme gōngnéng?
이것은 어떤 기능이 있죠?

쩌 스 주안먼 팡즈 피푸 라오후아 더.
这是专门防止皮肤老化的。
Zhè shì zhuānmén fángzhǐ pífū lǎohuà de.
이것은 전문적으로 피부 노화를 방지합니다.

功能 gōngnéng 기능, 효능
专门 zhuānmén 전문적으로
防止 fángzhǐ 방지하다
皮肤 pífū 피부
老化 lǎohuà 노화하다
高清 gāoqīng 고화질
拍照 pāizhào 사진을 찍다
生产 shēngchǎn 생산하다
零部件 língbùjiàn 부품
冰箱 bīngxiāng 냉장고
无论 wúlùn ～에 관계없이
设计 shèjì 디자인(하다)
实用 shíyòng 실용적이다

---

1 기능

• '功能 gōngnéng'은 제품의 '기능', '효능'이라는 뜻이에요.

이 스마트폰은 고화질 카메라 기능이 있습니다. **这款手机有高清拍照的功能。**
Zhè kuǎn shǒujī yǒu gāoqīng pāizhào de gōngnéng.

---

2 전문적으로

• '这是专门防止皮肤老化的。 Zhè shì zhuānmén fángzhǐ pífū lǎohuà de.'는 문장 끝에 '化妆品 huàzhuāngpǐn'이 생략된 말로, '이것은 전문적으로 피부 노화를 방지하는 화장품입니다.'라는 뜻이에요. '专门 zhuānmén'은 부사로 '전문적으로'라는 의미로 쓰였어요.

저희 공장에서는 전문적으로 부품을 생산하고 있습니다.
我们工厂专门生产零部件。
Wǒmen gōngchǎng zhuānmén shēngchǎn língbùjiàn.

• '전문적이다'라고 표현할 때는 '专业 zhuānyè'라고 하고, 전문가는 '专家 zhuānjiā'라고 해요.
그는 전문가예요. 그는 매우 전문적이에요.　他是个专家。他很专业。
Tā shì ge zhuānjiā. Tā hěn zhuānyè.
• '无论是 wúlùn shì+A, 还是 háishi+B'는 'A나 B나'라는 뜻으로, 상품을 설명할 때 유용하게 쓸 수 있는 표현이에요.
이 냉장고는 디자인이나 기능이나 모두 매우 실용적입니다.
这款冰箱无论是设计，还是功能都非常实用。
Zhè kuǎn bīngxiāng wúlùn shì shèjì, háishi gōngnéng dōu fēicháng shíyòng.

문장 익히기 ⑦

워먼 커이 스씨아오 쩌 거 찬핀 마?
我们可以试销这个产品吗?
Wǒmen kěyǐ shìxiāo zhè ge chǎnpǐn ma?
저희가 이 제품을 시험 판매해도 될까요?

땅란 커이!
当然可以!
Dāngrán kěyǐ!
당연히 됩니다!

试销 shìxiāo 시험 판매하다
当然 dāngrán 당연하다, 당연히
有点儿 yǒudiǎnr 조금
紧 jǐn 긴급하다
延长 yáncháng 연장하다
交货期限 jiāohuò qīxiàn
　　　　　　납품 기한
优惠 yōuhuì 특혜의
主打 zhǔdǎ 주력의
眼霜 yǎnshuāng 아이크림

1 ~해도 될까요?

- '可以 kěyǐ+A+吗 ma?'는 'A해도 됩니까?'라고 허락을 구하는 표현이에요. '试 shì'는 '시험 삼아 해 보다'라는 의미이고, '销售 xiāoshòu'는 '팔다'라는 의미이므로, '试销 shìxiāo'는 '시험 판매하다'라는 뜻이에요.

시간이 조금 촉박한데, 납품 기한을 연장해도 될까요?
时间有点儿紧, 可以延长交货期限吗?
Shíjiān yǒudiǎnr jǐn, kěyǐ yáncháng jiāohuò qīxiàn ma?

2 당연하다

- '当然 dāngrán'은 형용사로 '당연하다', 부사로 '당연히'라는 의미예요.

그거야 당연하죠!　## 那当然!
Nà dāngrán!

당연히 당신에게 우대해 드려야죠!　## 当然给您优惠!
Dāngrán gěi nín yōuhuì!

'주력 상품'은 '主打产品 zhǔdǎ chǎnpǐn'이라고 해요.
당신 회사의 주력 상품은 무엇인가요?　贵公司的主打产品是什么?
　　　　　　　　　　　　　　　　Guì gōngsī de zhǔdǎ chǎnpǐn shì shénme?
저희 회사의 주력 상품은 아이크림입니다.　我们公司的主打产品是眼霜.
　　　　　　　　　　　　　　　　Wǒmen gōngsī de zhǔdǎ chǎnpǐn shì yǎnshuāng.

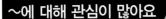

➔ 빈칸에 다양한 표현을 넣어 큰 소리로 연습해 보세요.

~에 대해 관심이 많아요

对 [ ] 很感兴趣。
Duì   hěn gǎn xìngqù.

咖啡
kāfēi
커피

韩中贸易
hánzhōng màoyì
한중 무역

娱乐产业
yúlè chǎnyè
엔터테인먼트 산업

韩国的时尚
Hánguó de shíshàng
한국의 패션

医疗行业
yīliáo hángyè
의료 업종

저희는 ~할 수 있기를 바랍니다

我们希望能够 [ ] 。
Wǒmen xīwàng nénggòu

成为你们的合作伙伴
chéngwéi nǐmen de hézuò huǒbàn
당신들의 협력사가 되다

继续合作
jìxù hézuò
계속 협력하다

尽快见面谈一谈
jǐnkuài jiànmiàn tán yi tán
빨리 만나서 이야기하다

비록 ~지만 ~해요

虽然 _____ , 但是 _____ 。
Suīrán _____ , dànshì _____ .

时间很紧 / 约定的期限内可以发货
shíjiān hěn jǐn / yuēdìng de qīxiàn nèi kěyǐ fāhuò
시간이 촉박하다 / 약속한 기한 내에 발송할 수 있다

汇率上涨了 / 报价没有变动
huìlǜ shàngzhǎng le / bàojià méiyǒu biàndòng
환율이 오르다 / 견적가는 변동 없다

~은 ~에게 인기가 많아요

_____ 很受 _____ 的欢迎。
hěn shòu de huānyíng.

苹果手机 / 年轻人
píngguǒ shǒujī / niánqīngrén
아이폰 / 젊은 사람

韩国化妆品 / 中国女性
Hánguó huàzhuāngpǐn / Zhōngguó nǚxìng
한국 화장품 / 중국 여성

뿜뿜 대화 체험하기

➡ 우리말 대본을 참고하여, 아래 영상에서 소리가 빈 부분을 중국어로 말해 보세요.

제품을 설명하다

리 팀장 저희는 줄곧 한국의 화장품에 대해 관심이 많았습니다.

저희는 이번 방문을 통해 협력 관계가 성립되기를 바랍니다. **박 팀장**

리 팀장 이 브랜드는 한국에서의 인지도가 어떻습니까?

한국에서 아주 유명합니다, 작년 3월부터는 이미 백화점에 입점했습니다. **김 주임**

리 팀장 귀사의 상품은 어떤 장점이 있습니까?

비록 가격은 싸지만, 품질이 아주 좋습니다! 중국 말로 '物美价廉(물건도 좋고 값도 저렴하다)'이라고 하죠. **박 팀장**

지금 한국에서 젊은 사람들에게 인기가 많습니다. **김 주임**

저는 중국에서도 반드시 인기가 많을 거라고 확신합니다. **박 팀장**

리 팀장 샘플이 있나요?

있습니다. 이것은 저희가 최신으로 연구 제작한 화장품입니다. **김 주임**

리 팀장 이것은 어떤 기능이 있죠?

이것은 전문적으로 피부 노화를 방지합니다. **김 주임**

리 팀장 저희가 이 제품을 시험 판매 해도 될까요?

당연히 됩니다! **박 팀장**

쓱쓱 문장 만들기

1. 우리말 대화를 보고, 중국어 문장을 완성해 보세요.

  1) A: 이것은 어떤 기능이 있죠?

     这个＿＿＿＿＿＿＿＿＿＿＿＿？

    B: 이것은 전문적으로 피부 노화를 방지합니다.

     这是＿＿＿＿＿皮肤＿＿＿＿的。

  2) A: 저희가 이 제품을 시험 판매해도 될까요?

     我们＿＿＿试销这个＿＿＿吗?

    B: 당연히 됩니다!

     ＿＿＿＿＿＿＿＿＿＿＿!

2. 주어진 단어를 이용하여, 중국어 문장을 만들어 보세요.

  1) 저희는 한국 화장품에 대해 관심이 많습니다.

    兴趣 / 对 / 感 / 很 / 我们 / 韩国的化妆品
    xìngqù   duì   gǎn   hěn   wǒmen Hánguó de huàzhuāngpǐn

    ➡ ＿＿＿＿＿＿＿＿＿＿＿＿＿＿＿

  2) 비록 가격은 싸지만, 품질이 아주 좋습니다!

    好 / 价格 / 质量 / 虽然 / 低 / 很 / 但是
    hǎo   jiàgé   zhìliàng   suīrán   dī   hěn   dànshì

    ➡ ＿＿＿＿＿＿＿＿＿＿＿＿＿＿＿

  3) 저는 반드시 인기가 많을 거라고 확신합니다.

    我 / 的 / 很 / 一定 / 会 / 受欢迎 / 相信
    wǒ   de   hěn   yídìng   huì   shòu huānyíng   xiāngxìn

    ➡ ＿＿＿＿＿＿＿＿＿＿＿＿＿＿＿

정답 1. 1) A: 有什么功能? B: 专门防止, 老化 2) A: 可以, 产品 B: 当然可以
2. 1) 我们对韩国的化妆品很感兴趣。 2) 虽然价格低, 但是质量很好! 3) 我相信一定会很受欢迎的。

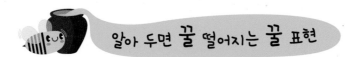
중국어에서 어떤 단어는 다양한 상황에 모두 어울리게 쓰이기도 해요.
활용도가 높은 단어를 살펴보면, 중국의 문화도 엿볼 수 있어요.

'差不多 chàbuduō'는 '차이가 많지 않다', 즉 '비슷하다'라는 의미인데요. 다양한 상황에 모두 어울리게 쓰이는 표현이에요. 일상생활뿐 아니라 업무 중에도 '差不多'라는 말을 많이 하는데, 중국인에게 '差不多'라는 말은 실제로 '差很多 chà hěn duō(차이가 많이 난다)'인 경우도 있으니 조심하세요. 특히 중요한 업무를 수행 중이라면 꼼꼼하게 진행 상황을 확인하면서 업무를 수행하는 것이 좋아요.

시간이 거의 다 됐어요.
时间差不多了。
Shíjiān chàbuduō le.

거의 다 됐죠?
差不多了吧?
Chàbuduō le ba?

거의 다 먹었어요.
吃得差不多了。
Chī de chàbuduō le.

'紧张 jǐnzhāng'은 '긴장하다'라는 뜻인데요. 바쁘거나 시간이 촉박하거나 표가 거의 남지 않았을 때 등의 긴장되는 상황에 많이 쓰이는 표현이에요. '紧张 jǐnzhāng'을 줄여서 '紧 jǐn'이라고 말해도 돼요.

지금은 여행 성수기여서, 비행기표가 거의 없습니다.
现在是旅游旺季, 机票很紧张。
Xiànzài shì lǚyóu wàngjì, jīpiào hěn jǐnzhāng.

요즘 일이 바빠요.
最近工作很紧张。
Zuìjìn gōngzuò hěn jǐnzhāng.

시간이 조금 촉박해요.
时间有点儿紧。
Shíjiān yǒudiǎnr jǐn.

旺季 wàngjì 성수기

11

사업장을 둘러보다

상황 관찰하기

韩国的牌子有多少个?

상황 리 팀장이 싱롱쇼핑센터를 둘러보며 박 팀장과 김 주임에게 설명해 줍니다.

리 팀장

김 주임

 박 팀장

등장인물

강의 보기

➡ MP3 음원을 들으며 대화 내용과 발음을 확인해 보세요.

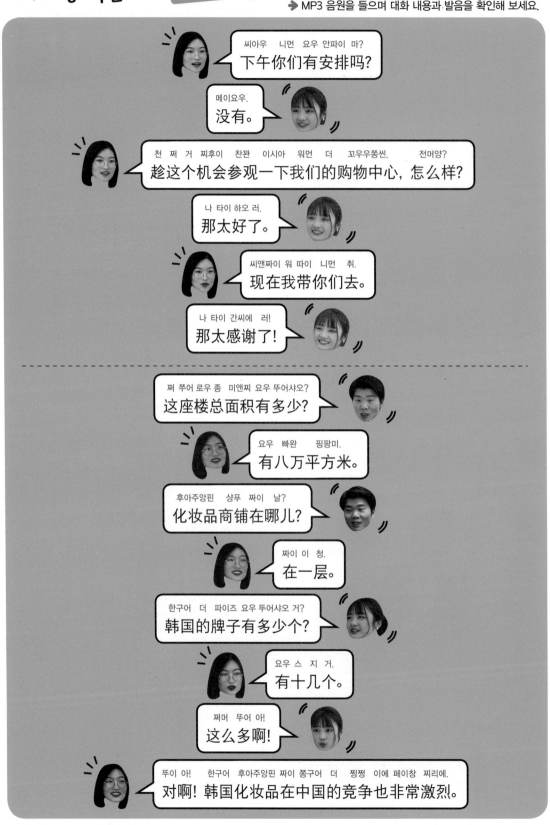

씨아우 니먼 요우 안파이 마?
下午你们有安排吗?

메이요우.
没有。

천 쩌 거 찌후이 찬꽌 이시아 워먼 더 꼬우우쫑씬, 전머양?
趁这个机会参观一下我们的购物中心, 怎么样?

나 타이 하오 러.
那太好了。

씨앤짜이 워 따이 니먼 취.
现在我带你们去。

나 타이 간씨에 러!
那太感谢了!

쩌 쭈어 로우 종 미앤찌 요우 뚸어샤오?
这座楼总面积有多少?

요우 빠완 핑팡미.
有八万平方米。

후아주앙핀 샹푸 짜이 날?
化妆品商铺在哪儿?

짜이 이 청.
在一层。

한구어 더 파이즈 요우 뚸어샤오 거?
韩国的牌子有多少个?

요우 스 지 거.
有十几个。

쩌머 뚸어 아!
这么多啊!

뚜이 아! 한구어 후아주앙핀 짜이 쫑구어 더 찡쩡 이에 페이창 찌리에.
对啊! 韩国化妆品在中国的竞争也非常激烈。

문장 익히기 ❶

씨아우 니먼 요우안파이 마?
下午你们有安排吗?
Xiàwǔ nǐmen yǒu ānpái ma?
오후에 일정이 있으십니까?

메이요우.
没有。
Méiyǒu.
없습니다.

安排 ānpái 안배하다, 안배
别的 biéde 다른 것
我方 wǒfāng 우리 측
车 chē 차
告诉 gàosu 알리다, 말하다

---

1 **일정 묻기**

• '安排 ānpái'는 동사로 '안배하다', '배치하다', '준비하다'라는 뜻이 있고, 명사로 '안배', '배치'라는 뜻이 있어요. 업무상 여러 상황에서 다양하게 활용되는 단어예요. '下午你们有安排吗? Xiàwǔ nǐmen yǒu ānpái ma?'는 오후에 안배된 것이 있는지, 즉 오후에 스케줄이 있는지 물어보는 표현이에요.

오후에 저희는 다른 일정이 있습니다.
下午我们有别的安排。
Xiàwǔ wǒmen yǒu biéde ānpái.

저희 측이 내일 회의를 준비하겠습니다.
我方安排明天的会议。
Wǒfāng ānpái míngtiān de huìyì.

저희 측이 차를 준비해서 공항으로 마중 나가겠습니다.
我方安排车去机场接您
Wǒfāng ānpái chē qù jīchǎng jiē nín.

회화에서 '일정이 있으십니까?'처럼 일반적인 스케줄을 물을 때는 주로 '有安排吗? Yǒu ānpái ma?'라고 해요. '일정'은 '日程 rìchéng'이라고 하는데, '请您告诉我会议日程。Qǐng nín gàosù wǒ huìyì rìchéng.(저에게 회의 일정을 알려 주세요.)'과 같이 정식 일정을 말할 때 써요.

천 쩌 거 찌후이
趁这个机会
Chèn zhè ge jīhuì
이번 기회에

찬꽌 이시아 워먼 더 꼬우우쫑씬, 전머양?
参观一下我们的购物中心，怎么样?
cānguān yíxià wǒmen de gòuwùzhōngxīn, zěnmeyàng?
저희 쇼핑센터를 좀 둘러보시는 건 어떠세요?

나 타이 하오 러.
那太好了。
Nà tài hǎo le.
그러면 너무 좋죠.

机会 jīhuì 기회
东坡肉 dōngpōròu
　　　　　동파육
不错 búcuò
　　　좋다, 괜찮다

---

1 전치사 趁

- '趁 chèn'은 전치사로 '(때·기회를) 이용해서', '~을 틈타서'라는 뜻이에요. '뜨거울 때 드세요.'는 '趁热吃。Chèn rè chī.'라고 하죠? '趁这个机会 chèn zhè ge jīhuì'는 '이번 기회를 이용해서'라는 의미예요. '参观一下 cānguān yíxià'는 '동사+一下 yíxià(좀 ~하다)'로 표현한 문장으로, '좀 둘러보다'라고 풀이할 수 있어요.

이번 기회에 저희 공장을 좀 둘러보세요.
趁这个机会参观一下我们的工厂。
Chèn zhè ge jīhuì cānguān yíxià wǒmen de gōngchǎng.

이번 기회에 동파육을 좀 맛보세요.
趁这个机会尝一下东坡肉。
Chèn zhè ge jīhuì cháng yíxià dōngpōròu.

'那太好了! Nà tài hǎo le!'는 '그러면 너무 좋아요!'라는 표현이에요. '좋다'라는 말은 '好 hǎo'뿐 아니라 '不错 búcuò'라고도 표현하는데요. '错 cuò'가 '틀리다'라는 뜻이므로 '不错 búcuò'를 '틀리지 않다'라고 풀이할 수 있지만, 회화에서는 '좋다', '괜찮다'라는 뜻으로 많이 쓰여요. '틀리지 않다(맞다)'라고 할 때는 주로 '没错 méi cuò'라고 해요.

저희 쇼핑센터는 어떻습니까?	我们的购物中心怎么样?
	Wǒmen de gòuwùzhōngxīn zěnmeyàng?
정말 괜찮네요!	真不错!
	Zhēn búcuò!
당신 말이 맞아요.	你说的没错。
	Nǐ shuō de méi cuò.

문장 익히기 ③

씨앤짜이 워 따이 니먼 취.
现在我带你们去。
Xiànzài wǒ dài nǐmen qù.
지금 제가 당신들을 모시고 가겠습니다.

나 타이 간씨에 러!
那太感谢了!
Nà tài gǎnxiè le!
그러면 정말 감사합니다!

带 dài 인솔하다, 데리다
老板 lǎobǎn 사장
商店 shāngdiàn 상점
购物 gòuwù 물건을 사다
实在 shízài 확실히, 정말

1 동사 带

• 동사 '带 dài'의 기본 의미는 '(몸에) 지니다', '휴대하다'라는 뜻인데, 뒤에 대상이 올 때는 '인도하다', '이 끌다', '데리다' 등의 의미로 풀이돼요. '带 dài+대상+去 qù/来 lái'는 '～을 데리고(모시고) 가다/오다' 라는 의미예요.

제가 사장님을 모시고 왔습니다.
我带老板来了。
Wǒ dài lǎobǎn lái le.

저는 그녀를 데리고 상점에 물건을 사러 갑니다.
我带她去商店购物。
Wǒ dài tā qù shāngdiàn gòuwù.

2 감사하다

• '감사하다'라는 표현은 '谢谢 xièxie'라고 해도 되지만, '感谢 gǎnxiè'라고도 해요. '太 tài～了 le'가 '너 무 ～하다'라는 뜻이므로, '太感谢了! Tài gǎnxiè le!'는 '너무 감사해요!'라는 표현이에요.

정말 너무 감사합니다!
实在太感谢了!
Shízài tài gǎnxiè le!

• '老板 lǎobǎn'은 '사장'이라는 뜻으로, 상점이나 식당, 회사의 사장님을 부르거나 상대를 존중하는 의미로 높여 부를 때 쓰는 말이 에요. 우리도 중년 남성을 높여 부를 때나 식당의 주인인지 아닌지 확실치 않을 때 '사장님'이라고 부르죠? 그와 같은 호칭이 '老 板'이라고 생각하면 돼요.
• 회사에서 자기의 상사를 지칭할 때는 '领导 lǐngdǎo(리더)'나 '上司 shàngsi(상사)'라고 해요.

문장 익히기 ❹

쩌 쭈어 로우 종 미앤찌 요우 뚜어샤오?

这座楼总面积有多少?

Zhè zuò lóu zǒng miànjī yǒu duōshao?

이 건물은 총면적이 얼마나 됩니까?

요우 빠완 핑팡미.

有八万平方米。

Yǒu bāwàn píngfāngmǐ.

80,000㎡(제곱미터)입니다.

座 zuò	동, 채(단위)
楼 lóu	건물
总 zǒng	총
面积 miànjī	면적
多少 duōshao	얼마
万 wàn	10,000(만)
平方米 píngfāngmǐ	㎡(제곱미터)
重量 zhòngliàng	중량, 무게
汇率 huìlǜ	환율

1 면적 묻기

- '座 zuò'는 건물을 세는 단위이고, '楼 lóu'는 '건물'이라는 뜻이에요. '总面积有多少? zǒng miànjī yǒu duōshao?'는 '총면적이 얼마나 됩니까?'라고 묻는 표현이에요. 면적이나 양을 물을 때는 '有多少? yǒu duōshao?(얼마나 있습니까?)'라고 물어요.

총중량은 얼마나 됩니까? **总重量有多少?**
Zǒng zhòngliàng yǒu duōshao?

- 일반적인 금액을 물을 때는 '是多少? shì duōshao?(얼마입니까?)'라고 물어요.

오늘의 환율은 얼마입니까? **今天的汇率是多少?**
Jīntiān de huìlǜ shì duōshao?

2 면적 단위

- 면적 단위 '平方米 píngfāngmǐ'는 '㎡(제곱미터)'라는 뜻으로, 한 면이 1m인 정사각형의 면적을 가리켜요.

- 우리나라는 부동산에 가서 건물이나 집의 면적을 말할 때 주로 '평'으로 말하는데요. 중국은 '제곱미터(平方米)'로 말해요. 1평에 약 3.3㎡이므로, 8만㎡면 24,200평이네요. 중국에서 '平方米'로 말하면 재빨리 나누기 3.3을 해서 평으로 환산해 보세요.
- 중량을 재는 단위로는 '吨 dūn(톤=t)', '公斤 gōngjīn(킬로그램=kg)', '斤 jīn(근)'이 있어요. 1吨은 1,000公斤이고, 1公斤은 2斤 (1斤=500g)이에요.
- 용량을 재는 단위는 '升 shēng(리터=ℓ)'과 '毫升 háoshēng(밀리리터=㎖)'이 있어요. 1升은 1000毫升이에요.
- 길이를 재는 단위는 '千米 qiānmǐ 또는 公里 gōnglǐ(킬로미터=km)', '米 mǐ(미터=m)', '厘米 límǐ(센티미터=cm)'가 있어요. 1千米는 1,000米이고, 1米는 100厘米예요.

문장 익히기 ⑤

후아주앙핀 샹푸 짜이 날?
化妆品商铺在哪儿?
Huàzhuāngpǐn shāngpù zài nǎr?
화장품 매장은 어디에 있습니까?

짜이 이 청.
在一层。
Zài yī céng.
1층에 있습니다.

层 céng 층
总公司 zǒnggōngsī 본사
分公司 fēngōngsī 지점, 지사
首尔 Shǒu'ěr 서울
青岛 Qīngdǎo 칭다오(청도)
深圳 Shēnzhèn 선전(심천)

1 위치 묻기

- '商铺 shāngpù'는 '점포', '가게'라는 뜻으로, 백화점이나 쇼핑센터 안에 있는 점포, 즉 매장을 가리킬 때도 쓸 수 있어요. 위치를 물을 때는 '在哪儿? zài nǎr?(어디에 있습니까?)'이라고 물으면 돼요.

본사는 어디에 있습니까? **总公司在哪儿?**
Zǒnggōngsī zài nǎr?

지사는 어디에 있습니까? **分公司在哪儿?**
Fēngōngsī zài nǎr?

2 위치 말하기

- 위치를 말할 때는 '在 zài+장소(~에 있습니다)'로 말해요. '层 céng'은 '층'이라는 뜻인데, '楼 lóu'도 '건물'이라는 뜻 외에 '층'이라는 의미가 있어서 1층을 '一层 yī céng' 또는 '一楼 yī lóu'라고 해요.

본사는 서울에 있습니다. **总公司在首尔。**
Zǒnggōngsī zài Shǒu'ěr.

지사는 중국 칭다오와 선전에 있습니다. **分公司在中国青岛和深圳。**
Fēngōngsī zài Zhōngguó Qīngdǎo hé Shēnzhèn.

아하!

- 백화점이나 쇼핑센터의 판매대(판매 코너)를 '专柜 zhuānguì'라고 하고, 비교적 큰 판매 장소를 '卖场 màichǎng'이라고 해요. 우리말로는 모두 '매장'이라고 풀이할 수 있어요.
- 회사의 본사는 '总公司 zǒnggōngsī' 또는 '总部 zǒngbù'라고 해요. 지사는 '分公司 fēngōngsī', 자회사는 '子公司 zǐgōngsī'예요.

문장 익히기 6

한구어 더 파이즈 요우 뚜어샤오 거?
韩国的牌子有多少个?
Hánguó de páizi yǒu duōshao ge?
한국의 브랜드는 몇 개가 있습니까?

요우 스 지 거.
有十几个。
Yǒu shí jǐ ge.
열 몇 개가 있습니다.

多少 duōshao 얼마, 몇
几 jǐ 몇(10이하를 물을 때)
左右 zuǒyòu 정도, 쯤

---

1 수량 묻기

- '有多少个? yǒu duōshao ge?'는 '몇 개가 있어요?'라는 뜻이에요. 10개 이상을 예상하고 물을 때는 '多少 duōshao'로 물어요. 10개 이하를 예상하고 물을 때는 '有几个? yǒu jǐ ge?'라고 하면 돼요.

화장품 매장은 모두 몇 개가 있어요? **化妆品商铺一共有多少个?**
Huàzhuāngpǐn shāngpù yígòng yǒu duōshao ge?

당신들의 공장은 몇 개가 있어요? **你们的工厂有几个?**
Nǐmen de gōngchǎng yǒu jǐ ge?

---

2 어림수

- '几 jǐ'는 수량을 묻는 의문 대명사이기도 하지만, 불확실한 수를 나타내기도 해요. 우리말 그대로 '몇'이라고 풀이하면 돼요. '十几个 shí jǐ ge'는 '열 몇 개'이고, '몇십 개'는 '几十个 jǐ shí ge'라고 하면 돼요.

저희는 열 몇 개 국가에 수출하고 있습니다. **我们出口到十几个国家。**
Wǒmen chūkǒu dào shí jǐ ge guójiā.

어림수를 나타내는 말로 '多 duō'도 있는데요. 숫자 뒤에 '多'를 붙이면 대략 그 숫자보다 많은 수를 나타내요. 그리고 '左右 zuǒyòu'는 '~쯤(정도)'이라는 뜻의 명사로, 어림짐작할 때 많이 쓰이는 표현이에요.

스물 몇 개 있어요. 有二十多个。
Yǒu èrshí duō ge.

스무 개 정도 있어요. 有二十个左右。
Yǒu èrshí ge zuǒyòu.

문장 익히기 7

찌머 뚜어 아!
这么多啊!
Zhème duō a!
이렇게나 많아요!

뚜이 아!　한구어 후아주앙핀 짜이 쫑구어 더
对啊! 韩国化妆品在中国的
Duì a! Hánguó huàzhuāngpǐn zài Zhōngguó de
네! 한국 화장품은 중국에서의

찡쩡　이에 페이창 찌리에.
竞争也非常激烈。
jìngzhēng yě fēicháng jīliè.
경쟁도 매우 치열합니다.

竞争 jìngzhēng 경쟁
激烈 jīliè 격렬하다, 치열하다
便宜 piányi (값이) 싸다
那么 nàme 그렇게
大 dà 크다
进入 jìnrù 들어가다, 진입하다
失陪 shīpéi 실례합니다

1 감탄하기

- '这么 zhème'는 '이렇게'라는 뜻으로, '이렇게나 ~해요!'라고 감탄할 때는 '这么+형용사+啊 a!'라고 해요. 문장 끝의 '啊'는 감탄의 어기를 나타내요. '那么 nàme'는 '그렇게', '저렇게'라는 뜻이므로, '그렇게나 많아요!'라고 할 때는 우리말 그대로 '那么多啊! Nàme duō a!'라고 해요.

가격이 이렇게나 싸요! **价格这么便宜啊!**
Jiàgé zhème piányi a!

규모가 그렇게나 커요! **规模那么大啊!**
Guīmó nàme dà a!

2 경쟁이 치열하다

- '경쟁이 매우 치열하다'는 '竞争非常激烈 jìngzhēng fēicháng jīliè'라고 해요.

대기업에 들어가고 싶은데, 경쟁이 매우 치열해요. **想进入大公司, 竞争非常激烈。**
Xiǎng jìnrù dàgōngsī, jìngzhēng fēicháng jīliè.

회의 또는 대화 중에 전화를 받아야 하거나 일이 있어서 자리를 떠야 할 때, '실례하겠습니다'라는 표현은 '失陪 shīpéi'라고 해요.

잠시 실례하겠습니다, 전화 좀 받으러 가겠습니다. **失陪一下, 我去接个电话。**
Shīpéi yíxià, wǒ qù jiē ge diànhuà.

제가 일이 있어서요, 먼저 실례하겠습니다. **我还有事, 先失陪了。**
Wǒ hái yǒu shì, xiān shīpéi le.

➡ 빈칸에 다양한 표현을 넣어 큰 소리로 연습해 보세요.

오후에 ~가 있나요?

下午你们有 〔　　〕 吗?
Xiàwǔ nǐmen yǒu　　　　　　　ma?

计划	会议	聚餐
jìhuà	huìyì	jùcān
계획	회의	회식

活动	自由时间
huódòng	zìyóu shíjiān
행사	자유 시간

이번 기회에 ~을 둘러보세요

趁这个机会参观一下 〔　　　〕 。
Chèn zhè ge jīhuì cānguān yíxià

工厂	商铺	博览会
gōngchǎng	shāngpù	bólǎnhuì
공장	매장(점포)	박람회

总部	分公司
zǒngbù	fēngōngsī
본사	지사

～은 얼마나 됩니까?

有多少?
yǒu duōshao?

生产量
shēngchǎnliàng
생산량

利润
lìrùn
이윤

库存
kùcún
재고

销售量
xiāoshòuliàng
판매량

订单数量
dìngdān shùliàng
주문량

～은 경쟁이 매우 치열합니다

竞争非常激烈。
jìngzhēng fēicháng jīliè.

医疗行业
yīliáo hángyè
의료 업종

美容行业
měiróng hángyè
미용 업종

电子行业
diànzǐ hángyè
전자 업종

网购行业
wǎnggòu hángyè
온라인 쇼핑 업종

韩国爱豆之间
Hánguó àidòu zhījiān
한국 아이돌 사이

뿜뿜 대화 체험하기

➔ 우리말 대본을 참고하여, 아래 영상에서 소리가 빈 부분을 중국어로 말해 보세요.

사업장을 둘러보다

리 팀장 ▸ 오후에 일정이 있으십니까?

없습니다. ◂ 김 주임

리 팀장 ▸ 이번 기회에 저희 쇼핑센터를 좀 둘러보시는 건 어떠세요?

그러면 너무 좋죠. ◂ 김 주임

리 팀장 ▸ 지금 제가 당신들을 모시고 가겠습니다.

그러면 정말 감사합니다! ◂ 김 주임

이 건물은 총면적이 얼마나 됩니까? ◂ 박 팀장

리 팀장 ▸ 80,000㎡(제곱미터)입니다.

화장품 매장은 어디에 있습니까? ◂ 박 팀장

리 팀장 ▸ 1층에 있습니다.

한국의 브랜드는 몇 개가 있습니까? ◂ 김 주임

리 팀장 ▸ 열 몇 개가 있습니다.

이렇게나 많아요! ◂ 김 주임

리 팀장 ▸ 네! 한국 화장품은 중국에서의 경쟁도 매우 치열합니다.

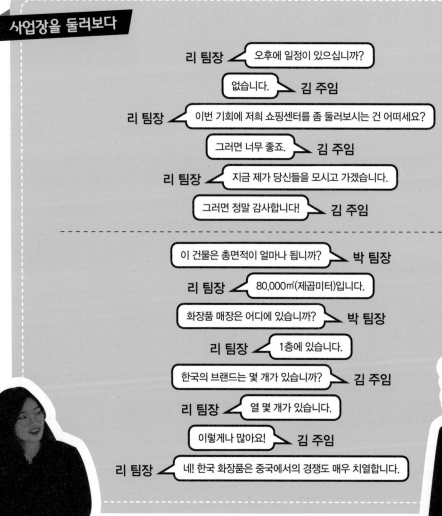

쑥쑥 문장 만들기

1. 우리말 대화를 보고, 중국어 문장을 완성해 보세요.

   1) A: 오후에 일정이 있으십니까?

   _____ 你们 _____ ?

   B: 없습니다.

   _____ 。

   2) A: 이 건물은 총면적이 얼마나 됩니까?

   这座楼 _____ ?

   B: 80,000㎡(제곱미터)입니다.

   有 _____ 。

2. 주어진 단어를 이용하여, 중국어 문장을 만들어 보세요.

   1) 이번 기회에 쇼핑센터를 좀 둘러보세요.

   购物中心 / 这 / 一下 / 机会 / 参观 / 个 / 趁
   gòuwùzhōngxīn zhè yíxià jīhuì cānguān ge chèn

   ➡ _____

   2) 지금 제가 당신들을 모시고 가겠습니다.

   你们 / 现在 / 我 / 去 / 带
   nǐmen xiànzài wǒ qù dài

   ➡ _____

   3) 중국에서의 경쟁도 매우 치열합니다.

   中国 / 非常 / 的 / 竞争 / 激烈 / 在 / 也
   Zhōngguó fēicháng de jìngzhēng jīliè zài yě

   ➡ _____

정답 1. 1) A: 下午, 有安排吗 B: 没有 2) A: 总面积有多少 B: 八万平方米
2. 1) 趁这个机会参观一下购物中心。 2) 现在我带你们去。 3) 在中国的竞争也非常激烈。

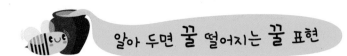

제품을 생산하는 공장에 대해 간단히 소개하는 말을 준비해 보세요.

저희 공장은 톈진에 있습니다.
我们的工厂在天津。
Wǒmen de gōngchǎng zài Tiānjīn.

공장은 총 20개의 생산 라인이 있습니다.
工厂一共有20条生产线。
Gōngchǎng yígòng yǒu èrshí tiáo shēngchǎnxiàn.

저희 공장은 모두 전자동으로 생산합니다.
我们工厂都是全自动生产。
Wǒmen gōngchǎng dōu shì quánzìdòng shēngchǎn.

거의 모든 과정은 컴퓨터로 관리합니다.
几乎所有的过程都是由电脑管理。
Jīhū suǒyǒu de guòchéng dōu shì yóu diànnǎo guǎnlǐ.

직원은 모두 100여 명이고, 2교대로 작업합니다.
员工一共有一百多个人，两班倒工作。
Yuángōng yígòng yǒu yìbǎi duō ge rén, liǎngbāndǎo gōngzuò.

월 생산량은 20,000개에 달합니다.
月产量达到两万个。
Yuèchǎnliàng dádào liǎngwàn ge.

条 tiáo 가늘고 긴 것을 셈	生产线 shēngchǎnxiàn 생산 라인	
全自动 quánzìdòng 전자동	几乎 jīhū 거의	所有 suǒyǒu 모든
过程 guòchéng 과정	由 yóu ～으로	管理 guǎnlǐ 관리(하다)
两班倒 liǎngbāndǎo 2교대	月产量 yuèchǎnliàng 월 생산량	达到 dádào 도달하다

계약하다 1

상황 관찰하기

请您看一下合同内容有没有问题。

상황 한국 회사와 중국 회사가 계약하기 전 요구 사항이 있는지 점검합니다.

등장인물

 리 팀장

 박 팀장

 김 주임

강의 보기

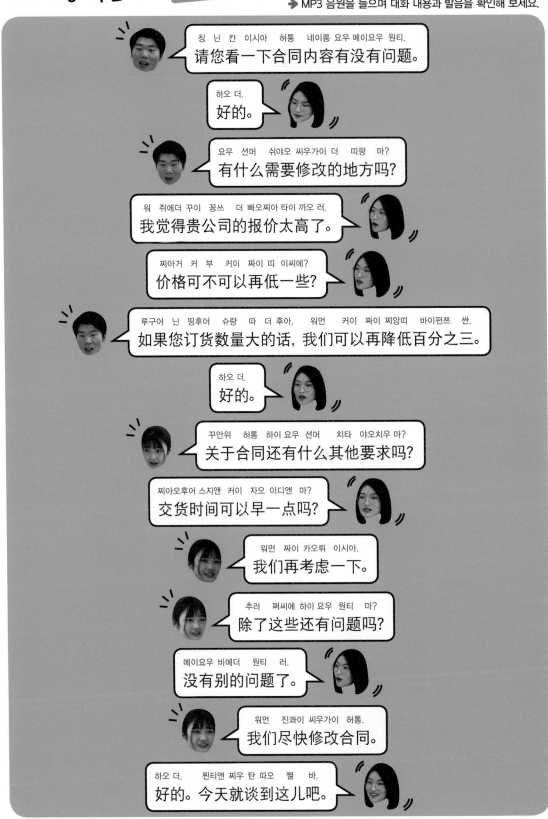

칭 닌 칸 이시아 허퉁 네이룽 요우 메이요우 원티.
请您看一下合同内容有没有问题。

하오 더.
好的。

요우 션머 쉬야오 씨우가이 더 띠팡 마?
有什么需要修改的地方吗?

워 쥐에더 꾸이 꽁쓰 더 빠오찌아 타이 까오 러.
我觉得贵公司的报价太高了。

찌아거 커 부 커이 짜이 띠 이씨에?
价格可不可以再低一些?

루구어 닌 띵후어 슈량 따 더 후아, 워먼 커이 짜이 찌앙띠 바이펀쯔 싼.
如果您订货数量大的话, 我们可以再降低百分之三。

하오 더.
好的。

꾸안위 허퉁 하이 요우 션머 치타 야오치우 마?
关于合同还有什么其他要求吗?

찌아오후어 스지앤 커이 자오 이디앤 마?
交货时间可以早一点吗?

워먼 짜이 카오뤼 이시아.
我们再考虑一下。

추러 쩌씨에 하이 요우 원티 마?
除了这些还有问题吗?

메이요우 비에더 원티 러.
没有别的问题了。

워먼 진콰이 씨우가이 허퉁.
我们尽快修改合同。

하오 더. 찐티앤 찌우 탄 따오 쩔 바.
好的。今天就谈到这儿吧。

문장 익히기

칭 닌 칸 이시아 허통 네이룽 요우 메이요우 원티.
请您看一下合同内容有没有问题。
Qǐng nín kàn yíxià hétong nèiróng yǒu méiyǒu wèntí.
계약서 내용에 문제가 있는지 보세요.

하오 더.
好的。
Hǎo de.
네.

合同 hétong	계약(서)
内容 nèiróng	내용
草案 cǎo'àn	초안
各 gè	각자, 각각
条款 tiáokuǎn	조항, 조목
仔细 zǐxì	꼼꼼하다, 자세하다
阅读 yuèdú	읽다, 열독하다
过目 guòmù	훑어보다
账单 zhàngdān	계산서, 명세서
目的 mùdì	목적
商谈 shāngtán	상담(협의)하다

1 계약서 확인하기

- '请您看一下 Qǐng nín kàn yíxià~'는 '~을 좀 보세요'라는 뜻이고, '合同内容有没有问题 hétong nèiróng yǒu méiyǒu wèntí'는 '계약서 내용에 문제가 있는지 없는지'라는 뜻이에요.

  계약서 초안에 문제가 있는지 보세요.
  请您看一下合同草案有没有问题。
  Qǐng nín kàn yíxià hétong cǎo'àn yǒu méiyǒu wèntí.

  각 조항에 문제가 있는지 보세요.
  请您看一下各条款有没有问题。
  Qǐng nín kàn yíxià gè tiáokuǎn yǒu méiyǒu wèntí.

- '자세히 읽어 보세요.'는 '请您仔细阅读。Qǐng nín zǐxì yuèdú.', '훑어보세요.'는 '请您过目。Qǐng nín guòmù.'라고 말해요.

  계산서입니다. 훑어보세요.
  这是账单。请您过目。
  Zhè shì zhàngdān. Qǐng nín guòmù.

계약을 맺기까지 여러 회의와 협상을 거치게 되는데요. 부드럽게 회의를 시작하기 위한 표현을 연습해 보세요.

오늘 회의의 목적은 계약 조건을 협의하는 것입니다. 　今天会议的目的是商谈合同条件。
Jīntiān huìyì de mùdì shì shāngtán hétong tiáojiàn

문장 익히기 ②

요우 션머 쉬야오 씨우가이 더 띠팡 마?
有什么需要修改的地方吗?
Yǒu shénme xūyào xiūgǎi de dìfang ma?
무슨 고쳐야 할 부분이 있습니까?

워 쥐에더 꾸이 꽁쓰 더 빠오찌아 타이 까오 러.
我觉得贵公司的报价太高了。
Wǒ juéde guì gōngsī de bàojià tài gāo le.
제 생각에 귀사의 입찰 가격이 너무 높은 것 같습니다.

修改 xiūgǎi	고치다, 수정하다
觉得 juéde	~라고 느끼다, 생각하다
报价 bàojià	입찰 가격(견적가)
高 gāo	높다
不满 bùmǎn	불만족하다
遗漏 yílòu	빠뜨리다, 누락하다
低 dī	낮다

---

1 의견 묻기

- '有什么 yǒu shénme~吗 ma?'는 '무슨 ~가 있습니까?'라는 뜻이에요. '需要 xūyào'는 필요하다, '修改 xiūgǎi'는 '고치다'라는 뜻이므로, '需要修改的地方 xūyào xiūgǎi de dìfang'은 '고쳐야 할 부분'이라고 풀이하면 돼요.

무슨 불만족스러운 부분이 있습니까? **有什么不满的地方吗?**
Yǒu shénme bùmǎn de dìfang ma?

무슨 빠뜨린 부분이 있습니까? **有什么遗漏的地方吗?**
Yǒu shénme yílòu de dìfang ma?

2 가격 조정하기 ①

- 자기 의견을 말할 때는 '我觉得 Wǒ juéde~'로 시작하세요. '제 생각에는~'이라는 의미예요. '(가격이) 비싸다'라는 표현은 '贵 guì'지만, 비즈니스 중국어에 어울리는 좀 더 격식 있는 표현은 '高 gāo'예요. '(가격이) 싸다'라는 표현도 '便宜 piányi'보다는 '低 dī'로 해요.

제 생각에 저희 입찰 가격은 이미 가장 낮은 가격입니다.
我觉得我们的报价已经是最低价格了。
Wǒ juéde wǒmen de bàojià yǐjīng shì zuì dī jiàgé le.

가격과 관련된 단어들을 알아 두세요.

원가	인건비	입찰 가격(견적가)	시장가
成本 chéngběn	人工成本 réngōng chéngběn	报价 bàojià	市场价 shìchǎngjià
거래가	순이익	가격이 내려가다	가격이 오르다
成交价 chéngjiāojià	纯利润 chúnlìrùn	降价 jiàngjià	涨价 zhǎngjià

문장 익히기 ❸

찌아거 커 부 커이 짜이 띠 이씨에?
价格可不可以再低一些?
Jiàgé kě bu kěyǐ zài dī yìxiē?
가격을 조금 더 낮출 수 없을까요?

루구어 닌 띵후어 슈량 따 더 후아,
如果您订货数量大的话,
Rúguǒ nín dìnghuò shùliàng dà de huà,
만약 상품 주문량이 많으면,

워먼 커이 짜이 찌앙띠 바이펀쯔 싼.
我们可以再降低百分之三。
wǒmen kěyǐ zài jiàngdī bǎifēnzhī sān.
저희가 3% 더 깎을 수 있습니다.

一些 yìxiē 약간, 조금
订货 dìnghuò 주문(하다)
数量 shùliàng 수량, 양
降低 jiàngdī 낮추다, 인하하다
百分之 bǎifēnzhī 퍼센트
详细 xiángxì 상세하다
只好 zhǐhǎo 부득이, 할 수 없이
伙伴 huǒbàn 파트너, 동업자
打折 dǎzhé 할인하다

---

1 가격 조정하기 ②

• '可不可以 kě bu kěyǐ~?'는 '可以 kěyǐ~吗 ma?'와 같은 뜻으로, '~할 수 있어요?(없어요?)'라고 정반 의문문으로 물어보는 표현이에요. '一些 yìxiē'는 '약간', '조금'이라는 뜻으로, '再低一些 zài dī yìxiē'는 '조금 더 낮게'라는 의미예요.

조금 더 상세하게 할 수 없을까요?　可不可以再详细一些?
Kě bu kěyǐ zài xiángxì yìxiē?

2 가격 조정하기 ③

• 가격을 조정할 때 '如果 rúguǒ+A+的话 de huà(만약 A라면)'의 가정 표현으로 협상을 이끌어 보세요. '降低 jiàngdī'는 동사로 '(가격을) 낮추다'라는 뜻이고, '百分之三 bǎifēnzhī sān'은 '백 분의 삼', 즉 '3%'라는 뜻이에요. 퍼센트는 '百分之 bǎifēnzhī+숫자'로 표현해요.

만약 가격을 더 낮출 수 없다면, 저희는 다른 협력사를 찾을 수밖에 없습니다.
如果不能再降低的话, 我们只好找别的合作伙伴了。
Rúguǒ bù néng zài jiàngdī de huà, wǒmen zhǐhǎo zhǎo biéde hézuò huǒbàn le.

비즈니스 현장에서는 숫자나 점 하나를 잘못 표기하거나 말하면 큰 오해를 낳을 수 있어요. 특히 퍼센트, 분수, 소수점을 읽는 것에 주의하세요. 또, 할인율을 백분율로 말하는 우리나라와 달리 중국은 10을 기준으로 지불할 비용의 비율을 말해요.

30% = 百分之三十 bǎifēnzhī sānshí
1/3 = 三分之一 sān fēnzhī yī

3.3% = 百分之三点三 bǎifēnzhī sān diǎn sān
30% 할인 = 打七折 dǎ qī zhé

하오 더.
好的。
Hǎo de.
좋습니다.

꾸안위 허통 하이 요우 션머 치타 야오치우 마?
关于合同还有什么其他要求吗?
Guānyú hétong hái yǒu shénme qítā yāoqiú ma?
계약서에 관해 또 무슨 다른 요구 사항이 있습니까?

关于 guānyú ~에 관해서
要求 yāoqiú 요구(하다)
细节 xìjié 세부 사항
意见 yìjiàn 의견
建议 jiànyì 건의(하다)
对于 duìyú ~에 대하여
讨论 tǎolùn 토론(하다)
包装 bāozhuāng 포장(하다)
调整 tiáozhěng
　　　　조정(하다), 조절(하다)

1 요구 사항 확인하기

• '关于 guānyú+A'는 'A에 관해서'라는 뜻이고, '还有什么 hái yǒu shénme~吗 ma?'는 '또 무슨 ~
가 있습니까?'라고 질문하는 표현이에요. '什么'는 습관적으로 붙여 주는 말로, 자연스럽게 풀이하려면
'무슨'을 풀이하지 않아도 돼요. '其他要求 qítā yāoqiú'는 '기타 요구 사항', 즉 '다른 요구 사항'이라고
풀이할 수 있어요.

세부 사항에 관해 또 다른 의견이 있습니까?
关于细节还有什么其他意见吗?
Guānyú xìjié hái yǒu shénme qítā yìjiàn ma?

계약 조건에 관해 또 다른 건의 사항이 있습니까?
关于合同条件还有什么其他建议吗?
Guānyú hétong tiáojiàn hái yǒu shénme qítā jiànyì ma?

'关于 guānyú'와 비슷한 표현으로 '对于 duìyú'가 있어요. '对于+A'는 'A에 대해서'라는 의미예요.

상품 가격에 대해 우리 다시 토론해 봅시다.　　对于产品价格，我们再讨论一下。
　　　　　　　　　　　　　　　　　　　　Duìyú chǎnpǐn jiàgé, wǒmen zài tǎolùn yíxià.

포장 가격에 대해 저희는 더 조정할 수 없습니다.　　对于包装价格，我们不能再调整。
　　　　　　　　　　　　　　　　　　　　Duìyú bāozhuāng jiàgé, wǒmen bù néng zài tiáozhěng.

문장 익히기 ⑤

찌아오후어 스지앤 커이 자오 이디앤 마?
交货时间可以早一点吗?
Jiāohuò shíjiān kěyǐ zǎo yìdiǎn ma?
납품 일정을 조금 당길 수 있을까요?

워먼 짜이 카오뤼 이시아.
我们再考虑一下。
Wǒmen zài kǎolǜ yíxià.
저희가 다시 좀 고려해 보겠습니다.

交货 jiāohuò 납품(하다)
早 zǎo (때가) 이르다, 빠르다
考虑 kǎolǜ 고려(하다)
出货 chūhuò 출고하다
日期 rìqī (특정한) 날짜
晚 wǎn 늦다
想 xiǎng 생각하다
上司 shàngsi 상사

1 납품 일정 조정하기

- '납품 일정'은 '交货时间 jiāohuò shíjiān', '납품일'은 '交货日期 jiāohuò rìqī'라고 해요. '早 zǎo'는 '(시간이) 이르다'라는 뜻으로, '早一点 zǎo yìdiǎn'은 '조금 이르게'라는 의미예요. '可以早一点吗? kěyǐ zǎo yìdiǎn ma?'는 '조금 이르게 할 수 있나요?', 즉 '(시간을) 조금 당길 수 있나요?'라는 뜻이에요. '早'의 반대말은 '晚 wǎn'이에요.

상품 출고 일정을 조금 당길 수 있을까요?
出货时间可以早一点吗?
Chūhuò shíjiān kěyǐ zǎo yìdiǎn ma?

납품일을 조금 늦출 수 있을까요?
交货日期可以晚一点吗?
Jiāohuò rìqī kěyǐ wǎn yìdiǎn ma?

2 고려하다

- 협상할 때는 상대방의 요구를 바로 들어주기보다는 '我们再考虑一下。Wǒmen zài kǎolǜ yíxià.'와 같은 표현으로 시간을 끌거나 완곡하게 거절할 수 있어요.

제가 다시 좀 생각해 보겠습니다.
我再想一下。
Wǒ zài xiǎng yíxià.

상사와 다시 좀 토론해 보겠습니다.
我跟上司再讨论一下。
Wǒ gēn shàngsi zài tǎolùn yíxià.

협상할 때는 중국인의 만만디 협상 전략을 염두에 두고서 조급하게 생각하지 말고 느긋한 마음으로 임하는 게 좋아요. 일을 다음으로 미룰 때 '改天 gǎitiān'이라는 말을 자주 하는데요. 정확한 날짜를 정하지 않은, '다른 날'이라는 뜻이에요.

다음에 다시 이야기하죠. 改天再说吧。
Gǎitiān zài shuō ba.

문장 익히기 ⑥

추러 쩌씨에 하이 요우 원티 마?

除了这些还有问题吗?

Chúle zhèxiē hái yǒu wèntí ma?

이런 것 외에 또 문제가 있습니까?

메이요우 비에더 원티 러.

没有别的问题了。

Méiyǒu biéde wèntí le.

다른 문제는 없습니다.

除了 chúle	~을 제외하고
这些 zhèxiē	이것들, 이런 것들
品质 pǐnzhì	품질
以外 yǐwài	이외
向 xiàng	~에게
美国 Měiguó	미국
出口 chūkǒu	수출하다
运输 yùnshū	운송(하다)
过程 guòchéng	과정
出 chū	(생겨)나다

---

1 접속사 除了

- '除了 chúle+A'는 'A를 제외하고', 'A 외에'라는 의미예요. '除了+A+以外 yǐwài(A 외에)'의 형태로도 많이 쓰여요.

품질 외에 가격도 고려해야 합니다.　**除了品质还要考虑价格。**
Chúle pǐnzhì hái yào kǎolǜ jiàgé.

중국 외에 저희는 미국에도 수출했습니다.　**除了中国以外, 我们还向美国出口了。**
Chúle Zhōngguó yǐwài, wǒmen hái xiàng Měiguó chūkǒu le.

- '问题 wèntí'는 문맥에 따라 '질문' 또는 '문제'라는 의미예요.

또 질문 있습니까?　**还有问题吗?**
Hái yǒu wèntí ma?

운송 중에 문제가 생겼습니다.　**运输过程中出问题了。**
Yùnshū guòchéng zhōng chū wèntí le.

중국인들이 자주 하는 말 중에 '没问题! Méi wèntí!'라는 말이 있어요. '문제없다!', '괜찮다!'라는 뜻인데요. 왠지 이 말을 들으면 안심이 되는 느낌이에요. 하지만 비즈니스 현장에서 중국인들의 '没问题!'를 곧이곧대로 믿고 있다가는 낭패를 볼 수도 있으니, 항상 정확한 일정과 수량을 확인하면서 일을 진행해야 해요.

문장 익히기 7

워먼　진콰이 씨우가이 허통.
我们尽快修改合同。
Wǒmen jǐnkuài xiūgǎi hétong.
저희가 빨리 계약서를 수정하겠습니다.

하오 더.　찐티앤 찌우 탄 따오 쩔　바.
好的。今天就谈到这儿吧。
Hǎo de. Jīntiān jiù tán dào zhèr ba.
좋아요. 오늘은 여기까지 이야기합시다.

尽快 jǐnkuài	되도록 빨리
谈 tán	말하다, 이야기하다
回信 huíxìn	답장하다
布置 bùzhì	배치(하다)
会场 huìchǎng	회의장
由 yóu	~으로, ~에서
卖方 màifāng	파는 쪽
承担 chéngdān	담당하다, 맡다
运费 yùnfèi	운송비
买方 mǎifāng	사는 쪽
保险费 bǎoxiǎnfèi	보험료

---

1 부사 尽快

- '尽快 jǐnkuài'는 부사로 '되도록 빨리'라는 뜻이에요.

되도록 빨리 회신 바랍니다.
请您尽快回信。
Qǐng nín jǐnkuài huíxìn.

제가 빨리 회의장을 배치하겠습니다.
我尽快布置会场。
Wǒ jǐnkuài bùzhì huìchǎng.

---

2 마무리하기

- '就 jiù+동사+到这儿吧 dào zhèr ba'는 '여기까지 ~합시다'라는 뜻으로, 마무리할 때 하는 말이에요. 간단하게 '就到这儿吧。'라고 하면 '여기까지 합시다.'라는 의미예요.

저는 여기까지 이야기하겠습니다.
我就说到这儿吧。
Wǒ jiù shuō dào zhèr ba.

시간이 너무 늦었네요. 오늘은 여기까지 합시다.
时间太晚了。今天就到这儿吧。
Shíjiān tài wǎn le. Jīntiān jiù dào zhèr ba.

계약을 진행할 때는 비용 부담 문제를 명확히 해야 하는데요. '由 yóu+A+承担 chéngdān'은 'A가 부담한다'라는 표현이에요.

판매 측이 운송비를 부담합니다.　由卖方承担运费。
　　　　　　　　　　　　　Yóu màifāng chéngdān yùnfèi.

구매 측이 보험료를 부담합니다.　由买方承担保险费。
　　　　　　　　　　　　　Yóu mǎifāng chéngdān bǎoxiǎnfèi.

➜ 빈칸에 다양한 표현을 넣어 큰 소리로 연습해 보세요.

~에 문제가 있는지 보세요

请您看一下 ⬚ 有没有问题。
Qǐng nín kàn yíxià   yǒu méiyǒu wèntí.

合同细节	会议资料
hétong xìjié	huìyì zīliào
계약서 세부 사항	회의 자료

关税方面	付款条件
guānshuì fāngmiàn	fùkuǎn tiáojiàn
관세 방면	지급 조건

~가 너무 높은 것 같아요

我觉得 ⬚ 太高了。
Wǒ juéde   tài gāo le.

成本	运费	包装费
chéngběn	yùnfèi	bāozhuāngfèi
원가	운송비	포장비

保险费	手续费
bǎoxiǎnfèi	shǒuxùfèi
보험료	수수료

关于 _____ 还有其他要求吗?
Guānyú hái yǒu qítā yāoqiú ma?

交货日期
jiāohuò rìqī
납품일

营销方案
yíngxiāo fāng'àn
마케팅 방안

产品规格
chǎnpǐn guīgé
상품 규격

产品设计
chǎnpǐn shèjì
상품 디자인

尽快 _____ 。
Jǐnkuài

写报告
xiě bàogào
보고서를 쓰다

发订单
fā dìngdān
주문서를 보내다

发送文件
fāsòng wénjiàn
서류를 발송하다

安排日程
ānpái rìchéng
일정을 정하다

调整细节
tiáozhěng xìjié
세부 사항을 조정하다

뿜뿜 대화 체험하기

→ 우리말 대본을 참고하여, 아래 영상에서 소리가 빈 부분을 중국어로 말해 보세요.

계약하다 1

박 팀장 — 계약서 내용에 문제가 있는지 보세요.

네. — **리 팀장**

박 팀장 — 무슨 고쳐야 할 부분이 있습니까?

제 생각에 귀사의 입찰 가격이 너무 높은 것 같습니다. — **리 팀장**

가격을 조금 더 낮출 수 없을까요? — **리 팀장**

박 팀장 — 만약 상품 주문량이 많으면, 저희가 3% 더 깎을 수 있습니다.

좋습니다. — **리 팀장**

김 주임 — 계약서에 관해 또 무슨 다른 요구 사항이 있습니까?

납품 일정을 조금 당길 수 있을까요? — **리 팀장**

김 주임 — 저희가 다시 좀 고려해 보겠습니다.

김 주임 — 이런 것 외에 또 문제가 있습니까?

다른 문제는 없습니다. — **리 팀장**

김 주임 — 저희가 빨리 계약서를 수정하겠습니다.

좋아요. 오늘은 여기까지 이야기합시다. — **리 팀장**

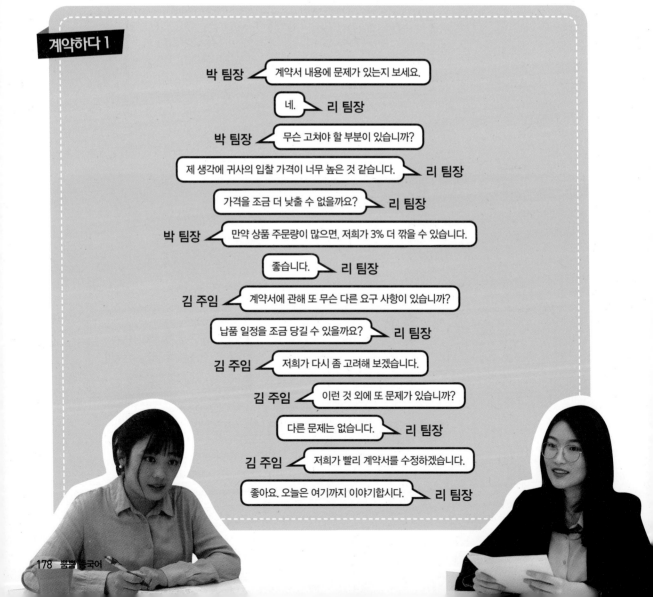

쓱쓱 문장 만들기

1. 우리말 대화를 보고, 중국어 문장을 완성해 보세요.

　1) A: 납품 일정을 조금 당길 수 있을까요?

　　　交货时间＿＿＿＿＿＿＿＿＿吗?

　　B: 저희가 다시 좀 고려해 보겠습니다.

　　　我们＿＿＿＿＿＿＿＿＿＿＿。

　2) A: 저희가 빨리 계약서를 수정하겠습니다.

　　　我们＿＿＿＿＿＿＿＿＿＿＿。

　　B: 오늘은 여기까지 이야기합시다.

　　　今天＿＿＿＿＿＿＿＿＿吧。

2. 주어진 단어를 이용하여, 중국어 문장을 만들어 보세요.

　1) 무슨 고쳐야 할 부분이 있습니까?

　　什么 / 地方 / 修改 / 的 / 需要 / 吗 / 有
　　shénme　dìfang　xiūgǎi　de　xūyào　ma　yǒu

　　➡ ＿＿＿＿＿＿＿＿＿＿＿＿＿＿＿＿

　2) 가격을 조금 더 낮출 수 없을까요?

　　不 / 可 / 再 / 可以 / 一些 / 低 / 价格
　　bu　kě　zài　kěyǐ　yìxiē　dī　jiàgé

　　➡ ＿＿＿＿＿＿＿＿＿＿＿＿＿＿＿＿

　3) 저희가 3% 더 깎을 수 있습니다.

　　我们 / 百分之三 / 再 / 降低 / 可以
　　wǒmen　bǎifēnzhī sān　zài　jiàngdī　kěyǐ

　　➡ ＿＿＿＿＿＿＿＿＿＿＿＿＿＿＿＿

정답 1. 1) A: 可以早一点 B: 再考虑一下 2) A: 尽快修改合同 B: 就谈到这儿
　　2. 1) 有什么需要修改的地方吗? 2) 价格可不可以再低一些? 3) 我们可以再降低百分之三。

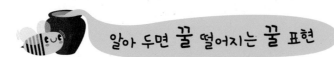

알아 두면 꿀 떨어지는 꿀 표현

가격 협상만큼 중요한 협상이 또 있을까요?

때로는 부드럽게 때로는 단호하게, 협상의 달인이 될 수 있는 표현을 연습해 보세요.

귀사의 입찰 가격이 너무 높아요. 조금 더 양보할 수 없을까요?

贵公司的报价太高了，不可以再让一点吗?

Guì gōngsī de bàojià tài gāo le, bù kěyǐ zài ràng yìdiǎn ma?

더 깎으면, 저희는 적자를 볼 정도로 손해예요.

再降低的话，我们会吃亏到亏本了。

Zài jiàngdī de huà, wǒmen huì chīkuī dào kuīběn le.

제시하신 가격으로는 이야기를 해 나갈 수 없습니다.

按照您提出的价格不能谈下去。

Ànzhào nín tíchū de jiàgé bù néng tán xiàqù.

이미 최저(마지노선) 가격입니다.

已经是最低价格了。

Yǐjīng shì zuìdī jiàgé le.

우리 각자 조금씩 더 양보합시다.

咱们再各让一些吧。

Zánmen zài gè ràng yìxiē ba.

건당 최대 1달러씩 깎아 드리겠습니다.

每件最多降一美元。

Měi jiàn zuìduō jiàng yì měiyuán.

让 ràng 양보하다
吃亏 chīkuī 손해를 보다
亏本 kuīběn 적자를 보다
按照 ànzhào ~에 비추어, ~에 따라
提出 tíchū 제시하다
最低 zuìdī 최저이다
降 jiàng 내리다
美元 měiyuán 달러

계약하다 2

상황 관찰하기

没什么意见，
就签合同吧。

상황 계약서의 수정 사항을 확인하고, 계약을 체결합니다.

리 팀장

박 팀장

김 주임

등장인물

강의 보기

샹츠　티따오　더 찌아오후어 스지앤,　커이　티치앤 마?
上次提到的交货时间, 可以提前吗?

씨아 거 위에디 쯔네이　워먼　커이 찌아오후어.
下个月底之内我们可以交货。

하오 더.
好的。

허퉁　또우 티아오정 하오 러.　하이 요우 션머　원티　마?
合同都调整好了。还有什么问题吗?

이호우 하이 넝 씨우가이 마?
以后还能修改吗?

쮜티　스씨앙　워먼　커이 짜이 샹이.
具体事项我们可以再商议。

하오 더.
好的。

메이 션머　이찌앤,　찌우 치앤 허퉁 바.
没什么意见, 就签合同吧。

하오! 찌우 쩌머　띵 러!
好! 就这么定了!

쭈　워먼　허쭈어 위콰이!
祝我们合作愉快!

문장 익히기 ①

샹츠 티따오 더 찌아오후어 스지앤, 커이 티치앤 마?
上次提到的交货时间, 可以提前吗?
Shàngcì tídào de jiāohuò shíjiān, kěyǐ tíqián ma?
지난번에 이야기한 납품 일정을 앞당길 수 있습니까?

씨아 거 위에디 쯔네이 워먼 커이 찌아오후어.
下个月底之内我们可以交货。
Xià ge yuèdǐ zhīnèi wǒmen kěyǐ jiāohuò.
다음 달 말 안으로 저희는 납품할 수 있습니다.

上次 shàngcì 지난번
提到 tídào 언급하다
月底 yuèdǐ 월말
之内 zhīnèi ~의 내
延后 yánhòu
　　　　연기하다, 늦추다
完成 wánchéng 완성하다
一周 yìzhōu 일주일
给出 gěichū 주다
反馈 fǎnkuì 피드백
关键 guānjiàn
　　　　관건, 키포인트
创意 chuàngyì 창의성

---

1 동사 提到

- '提到 tídào'는 '언급하다'라는 뜻으로, '提到的交货时间 tídào de jiāohuò shíjiān'은 '언급한 납품 일정', 즉 '이야기한 납품 일정'이라고 풀이할 수 있어요. '提前 tíqián'은 '앞당기다'라는 뜻으로, 반대말은 '延后 yánhòu' 또는 '延期 yánqī'예요.

이것은 모두 지난번에 이야기한 내용입니다.　**这些都是上次提到的内容。**
Zhèxiē dōu shì shàngcì tídào de nèiróng.

지난번에 이야기한 납품 기한을 늦출 수 있나요?　**上次提到的交货期限, 可以延后吗?**
Shàngcì tídào de jiāohuò qīxiàn, kěyǐ yánhòu ma?

---

2 ~ 안으로

- '~之内 zhīnèi'는 '~ 안으로'라는 뜻으로, 기간을 한정해 주는 표현이에요.

이번 달 말 안으로 설계 초안을 완성하겠습니다.　**这个月底之内我会完成设计草案。**
Zhè ge yuèdǐ zhīnèi wǒ huì wánchéng shèjì cǎo'àn.

일주일 내로 피드백을 주시기 바랍니다.　**请您在一周之内给出反馈。**
Qǐng nín zài yìzhōu zhīnèi gěichū fǎnkuì.

'관건은 ~입니다'라는 표현은 '关键是 guānjiàn shì+A'라고 해요.
사업 성공의 관건은 창의성입니다.　**事业成功的关键是创意。**
　　　　　　　　　　　　　　　Shìyè chénggōng de guānjiàn shì chuàngyì.

문장 익히기 ②

하오 더.
好的。
Hǎo de.
좋습니다.

허통 또우 티아오정 하오 러.
合同都调整好了。
Hétong dōu tiáozhěng hǎo le.
계약서가 모두 조정되었습니다.

하이 요우 션머   원티 마?
还有什么问题吗?
Hái yǒu shénme wèntí ma?
또 무슨 질문 있으십니까?

整理 zhěnglǐ   정리(하다)
采用 cǎiyòng   채용하다
方式 fāngshì   방식, 방법
无法 wúfǎ   방법이 없다
只能 zhǐnéng
     다만 ~할 수밖에 없다
香港 Xiānggǎng   홍콩

---

1 결과 보어 好

- '好 hǎo'는 동사 뒤에 놓이면 결과 보어로써 '잘하다', '다 됐다'라는 의미를 나타내요. '调整好了 tiáozhěng hǎo le'는 '조정이 잘됐다'라는 뜻이에요.

보고서는 다 정리했습니다.　　**报告都**整理好了。
Bàogào dōu zhěnglǐ hǎo le.

계약서는 모두 준비되었습니다.　　**合同都**准备好了。
Hétong dōu zhǔnbèi hǎo le.

운송 방식은 '运输方式 yùnshū fāngshì'라고 하는데요. 운송 방식에는 항공 운송, 해양 운송 등이 있어요.

항공 운송	해양 운송	직송	환적
空运 kōngyùn	海运 hǎiyùn	直运 zhíyùn	转运 zhuǎnyùn

당신들은 어떤 운송 방식으로 합니까? 항공 편입니까? 배 편입니까?
你们采用什么运输方式? 空运还是海运?
Nǐmen cǎiyòng shénme yùnshū fāngshì? Kōngyùn háishi hǎiyùn?

저희는 배 편으로 운송합니다. 직송을 할 수 없어서, 홍콩에서 옮겨 실을 수밖에 없습니다.
我们采用海运运输。无法直运, 只能在香港转运。
Wǒmen cǎiyòng hǎiyùn yùnshū. Wúfǎ zhíyùn, zhǐnéng zài Xiānggǎng zhuǎnyùn.

문장 익히기 ❸

이호우 하이 넝 씨우가이 마?
以后还能修改吗?
Yǐhòu hái néng xiūgǎi ma?
이후에 또 수정할 수 있나요?

쮜티 스씨앙 워먼 커이 짜이 샹이.
具体事项我们可以再商议。
Jùtǐ shìxiàng wǒmen kěyǐ zài shāngyì.
구체적인 사항은 우리가 다시 협의할 수 있습니다.

以后 yǐhòu	이후
具体 jùtǐ	구체적이다
事项 shìxiàng	사항
商议 shāngyì	상의하다, 협의하다
追加 zhuījiā	추가하다
订购 dìnggòu	주문하다
付款 fùkuǎn	지불하다
决定 juédìng	결정하다
议题 yìtí	의제

1 부사 还

- 부사 '还 hái'는 '또', '더'라는 의미로, 능원 동사가 있을 때는 그 앞에 위치해요. '还能 hái néng＋동사＋吗 ma?'는 '또(더) ～할 수 있나요?'라는 표현이에요.

이후에 또 보충할 수 있나요?　　**以后还能补充吗?**
Yǐhòu hái néng bǔchōng ma?

이후에 더 추가 주문할 수 있나요?　　**以后还能追加订购吗?**
Yǐhòu hái néng zhuījiā dìnggòu ma?

2 부사 再

- 부사 '再 zài'는 '또', '다시'라는 의미로, 능원 동사가 있을 때는 그 뒤에 위치해요. '可以再 kěyǐ zài＋동사'는 '또(다시) ～할 수 있다'라는 의미예요.

지불 방식은 다시 결정할 수 있습니다.　　**付款方式可以再决定。**
Fùkuǎn fāngshì kěyǐ zài juédìng.

구체적인 의제는 우리가 다시 토론할 수 있습니다.　　**具体议题我们可以再讨论。**
Jùtǐ yìtí wǒmen kěyǐ zài tǎolùn.

부사 '又 yòu'도 '또'라는 뜻이지만, '又'는 이미 일어난 동작의 반복에 쓰이는 표현이에요.

우리가 또 만날 수 있을까요?	我们还会见面吗? Wǒmen hái huì jiànmiàn ma?
우리는 또 만날 수 있을 거예요.	我们会再见面的。 Wǒmen huì zài jiànmiàn de.
우리가 또 만났네요!	我们又见面了! Wǒmen yòu jiànmiàn le!

문장 익히기 ④

 하오 더.
好的。
Hǎo de.
좋습니다.

 메이 션머 이찌앤,　찌우 치앤 허통 바.
没什么意见，就签合同吧。
Méi shénme yìjiàn, jiù qiān hétong ba.
무슨 의견 없으시면, 계약합시다.

签 qiān	서명하다
签订 qiāndìng	체결하다
公证 gōngzhèng	공증(하다)
签字 qiānzì	서명하다
盖章 gàizhāng	도장을 찍다
生效 shēngxiào	효력이 발생하다
签名 qiānmíng	서명하다
正本 zhèngběn	정본, 원본
持 chí	가지다
份 fèn	부(단위)

1 계약하기

- '签 qiān'은 동사로 '서명하다'라는 뜻이고, '合同 hétong'은 '계약(서)'라는 뜻이므로 '签合同'은 '계약서에 서명하다', 즉 '계약하다'라는 의미예요. '签订合同 qiāndìng hétong'이라고도 해요.

무슨 문제가 없으면, 계약합시다. 　**没什么问题，就签合同吧。**
Méi shénme wèntí, jiù qiān hétong ba.

계약을 체결한 후에 공증을 받아야 합니다. **签订合同后，需要公证。**
Qiāndìng hétong hòu, xūyào gōngzhèng.

- '서명하다'는 '签字 qiānzì' 또는 '签名 qīngmíng'이라고 하는데, 법적 효력이 있는 계약서에 서명하는 것을 '签字', 일반적인 상황에 사인하는 것을 '签名'이라고 해요.

계약서에 서명과 도장이 없으면 효력이 발생하지 않습니다.
合同没有签字盖章就不能生效。
Hétong méiyǒu qiānzì gàizhāng jiù bù néng shēngxiào.

여기에 사인해 주세요. 　**请您在这里签名。**
Qǐng nín zài zhèlǐ qiānmíng.

계약서는 '甲方 jiǎfāng(갑측)'과 '乙方 yǐfāng(을측)'을 지정하여 작성해요. 계약서에 기재되는 내용 중 '一式两份 yí shì liǎng fèn'은 '한 형식 2부'라는 뜻으로, '같은 형식의 계약서를 2부 작성하여 각각 가지는 것'을 의미해요. '一式四份 yí shì sì fèn'은 '한 형식 4부'라는 뜻이에요. 또, 중문 버전은 '中文版本 zhōngwén bǎnběn', '영문 버전'은 '英文版本 yīngwén bǎnběn'이라고 해요.

이 계약서의 원본은 2부이다. 　本合同正本一式两份。
Běn hétong zhèngběn yí shì liǎng fèn.

갑과 을은 각 1부씩 가진다. 　甲方与乙方各持一份。
Jiǎfāng yǔ yǐfāng gè chí yí fèn.

문장 익히기 ⑤

 하오! 찌우 쩌머 띵 러!
好! 就这么定了!
Hǎo! Jiù zhème dìng le!
좋아요! 이렇게 합시다!

 쭈 워먼 허쭈어 위콰이!
祝我们合作愉快!
Zhù wǒmen hézuò yúkuài!
좋은 협력이 되기를 바랍니다!

定 dìng 정하다
愉快 yúkuài 기쁘다, 유쾌하다
主意 zhǔyi 생각, 의견
变动 biàndòng 변동
周末 zhōumò 주말

1 최종 결정

- '定 dìng'은 '정하다'라는 뜻으로, '就这么定了! Jiù zhème dìng le!'는 '이렇게 정합시다!', 즉 최종 결정할 때 '이렇게 합시다!'라는 표현이에요.

좋은 생각이네요! 이렇게 합시다! **好主意! 就这么定了!**
Hǎo zhǔyi! Jiù zhème dìng le!

변동 사항은 없죠? 그러면 이렇게 합시다! **没有变动吧? 那就这么定了!**
Méiyǒu biàndòng ba? Nà jiù zhème dìng le!

2 축원하기

- '祝 zhù'는 축원하는 말 앞에 붙여 주는 표현이고, '愉快 yúkuài'는 '즐겁다'라는 뜻이에요. '祝我们合作愉快! Zhù wǒmen hézuò yúkuài!'는 '우리의 협력이 즐겁기를 바랍니다!'라는 뜻이므로 자연스럽게 '좋은 협력이 되기를 바랍니다!'라고 풀이하면 돼요.

즐거운 주말 보내세요! **祝你周末愉快!**
Zhù nǐ zhōumò yúkuài!

즐거운 하루 보내세요! **祝你今天愉快!**
Zhù nǐ jīntiān yúkuài!

연말에 하는 축복의 말 중에 '年年有余 niánniányǒuyú(해마다 풍요롭기를 바랍니다)'라는 표현이 있어요. 여기서 '余 yú'는 '여유롭다'라는 뜻으로, 물고기(鱼 yú)와 발음이 같아요. 그래서 중국인들은 중요한 날 물고기를 즐겨 먹고, 새해에 물고기 그림을 걸며 '年年有余!'라고 해요. 또, '岁岁平安 suìsuìpíng'ān'은 '해마다 평안하기를 바랍니다'라는 뜻인데, 유리나 도자기 등을 깨뜨렸을 때 '岁岁平安!'이라고 외쳐요. '깨지다'라는 뜻의 '碎 suì'가 '岁 suì(해)'와 발음이 같기 때문에 불길한 징조를 없애는 의미에서 유리가 깨졌으니 '岁岁平安!(해마다 평안하겠구나!)'이라고 외치는 거예요.

➔ 빈칸에 다양한 표현을 넣어 큰 소리로 연습해 보세요.

지난번에 이야기한 ~을 앞당길 수 있어요?

上次提到的 ____ **，可以提前吗?**
Shàngcì tídào de ____ ，kěyǐ tíqián ma?

开会时间	发货时间
kāihuì shíjiān	fāhuò shíjiān
회의 시간	배송 시간

拍摄时间	出差日期
pāishè shíjiān	chūchāi rìqī
촬영 시간	출장 날짜

다음 달에 우리는 ~할 수 있어요

下个月我们可以 ____ **。**
Xià ge yuè wǒmen kěyǐ ____ 。

开始新项目	开发新产品
kāishǐ xīn xiàngmù	kāifā xīnchǎnpǐn
새 프로젝트를 시작하다	신제품을 개발하다

推出新产品	进行满意度调查
tuīchū xīnchǎnpǐn	jìnxíng mǎnyìdù diàochá
신제품을 출시하다	만족도 조사를 진행하다

还有什么 [   ] 吗?
Hái yǒu shénme ma?

意见	要求	想法
yìjiàn	yāoqiú	xiǎngfǎ
의견	요구	생각

建议	优惠
jiànyì	yōuhuì
건의	혜택

이후에도 ~할 수 있어요?

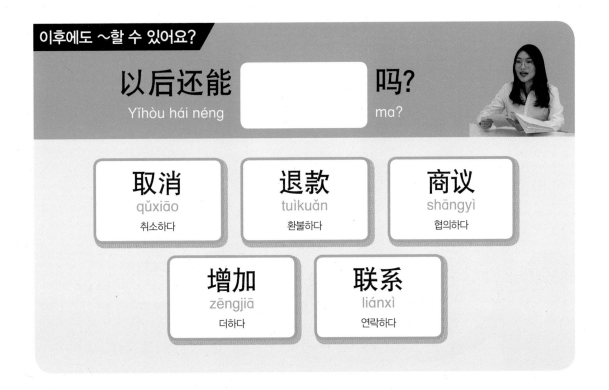

以后还能 [   ] 吗?
Yǐhòu hái néng ma?

取消	退款	商议
qǔxiāo	tuìkuǎn	shāngyì
취소하다	환불하다	협의하다

增加	联系
zēngjiā	liánxì
더하다	연락하다

뿜뿜 대화 체험하기

➜ 우리말 대본을 참고하여, 아래 영상에서 소리가 빈 부분을 중국어로 말해 보세요.

중국 회사를 방문하다

리 팀장 ╱ 지난번에 이야기한 납품 일정을 앞당길 수 있습니까?

다음 달 말 안으로 저희는 납품할 수 있습니다. ╲ 김 주임

리 팀장 ╱ 좋습니다.

계약서가 모두 조정되었습니다. 또 무슨 질문 있으십니까? ╲ 김 주임

리 팀장 ╱ 이후에 또 수정할 수 있나요?

구체적인 사항은 우리가 다시 협의할 수 있습니다. ╲ 김 주임

리 팀장 ╱ 좋습니다.

무슨 의견 없으시면, 계약합시다. ╲ 박 팀장

리 팀장 ╱ 좋아요! 이렇게 합시다!

좋은 협력이 되기를 바랍니다! ╲ 박 팀장

쓱쓱 문장 만들기

1. 우리말 대화를 보고, 중국어 문장을 완성해 보세요.

   1) A: 계약서가 모두 조정되었습니다.

      合同都＿＿＿＿＿＿＿＿＿＿＿＿＿＿＿＿。

     B: 이후에 또 수정할 수 있나요?

      以后＿＿＿＿＿＿＿＿＿＿＿＿＿＿吗?

   2) A: 무슨 의견 없으시면, 계약합시다.

      ＿＿什么＿＿＿＿, 就＿＿＿＿＿吧。

     B: 좋아요! 이렇게 합시다!

      ＿＿! 就＿＿＿＿＿＿＿＿＿＿＿＿!

2. 주어진 단어를 이용하여, 중국어 문장을 만들어 보세요.

   1) 다음 달 말 안으로 저희는 납품할 수 있습니다.

     下 / 个 / 我们 / 之内 / 交货 / 可以 / 月底
     xià   ge   wǒmen   zhīnèi   jiāohuò   kěyǐ   yuèdǐ

     ➡ ＿＿＿＿＿＿＿＿＿＿＿＿＿＿＿＿＿＿＿＿＿＿

   2) 구체적인 사항은 우리가 다시 협의할 수 있습니다.

     我们 / 再 / 可以 / 事项 / 商议 / 具体
     wǒmen   zài   kěyǐ   shìxiàng   shāngyì   jùtǐ

     ➡ ＿＿＿＿＿＿＿＿＿＿＿＿＿＿＿＿＿＿＿＿＿＿

   3) 좋은 협력이 되기를 바랍니다!

     祝 / 愉快 / 合作 / 我们
     zhù   yúkuài   hézuò   wǒmen

     ➡ ＿＿＿＿＿＿＿＿＿＿＿＿＿＿＿＿＿＿＿＿＿＿

정답 1. 1) A: 调整好了 B: 还能修改 2) A: 没, 意见, 签合同 B: 好, 这么定了
    2. 1) 下个月底之内我们可以交货。 2) 具体事项我们可以再商议。 3) 祝我们合作愉快!

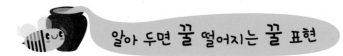
알아 두면 꿀 떨어지는 꿀 표현

중국 회사와 비즈니스를 할 때는

주로 이메일을 주고받으며 업무를 진행하게 되는데요.

적절한 서면어를 이용하면 조금 더 고급스럽게 이메일을 보낼 수 있어요.

받는사람	bboom1@***.**.**	▼
참조	bboom2@***.**.**	▼
제목	美想化妆品的报价单	
파일첨부	파일찾기 报价单1.doc	

来函收悉。
Láihán shōuxī.

未能及时给您回信，深表歉意。
Wèi néng jíshí gěi nín huíxìn, shēnbiǎo qiànyì.

下面附上报价单，请查收附件。
Xiàmiàn fùshàng bàojiàdān, qǐng cháshōu fùjiàn.

静候佳音。
Jìnghòu jiāyīn.

顺祝商祺。
Shùn zhù shāng qí.

来函 láihán 보내온 편지
收悉 shōuxī 잘 받아 보다
及时 jíshí 즉시, 곧바로
深表 shēnbiǎo 깊이 나타내다
歉意 qiànyì 유감스러운 마음
附上 fùshàng 첨부하다
查收 cháshōu 살펴서 받다
附件 fùjiàn 첨부 파일, 관련 서류
静候 jìnghòu 조용히 기다리다
佳音 jiāyīn 좋은 소식

보내 주신 메일은 잘 받았습니다.
바로 답장을 하지 못하여 대단히 죄송합니다.
아래에 견적서를 첨부하니, 첨부 파일을 확인하시기 바랍니다.
좋은 소식 기다리겠습니다.
사업이 번창하시기를 바랍니다.

배웅하다

상황 관찰하기

非常感谢您的热情款待!

상황 출장 일정을 마치고 한국으로 돌아가는 날, 장 주임이 김 주임과 박 팀장을 배웅합니다.

강의 보기

등장인물

  김 주임

 박 팀장

 장 주임

페이창 간씨에 닌 더 러칭 쿠안따이!
非常感谢您的热情款待!

씨왕 니먼 뚜이 쩌츠 팡원 만이!
希望你们对这次访问满意!

워먼 페이창 만이!
我们非常满意!

후안잉 니먼 짜이 라이 션양!
欢迎你们再来沈阳!

이딩 후이! 워먼 씨왕 바오츠 허쭈어 꽌씨!
一定会! 我们希望保持合作关系!

씨아츠 요우 찌후이, 칭 라이 한구어!
下次有机会, 请来韩国!

하오 더, 씨에씨에!
好的, 谢谢!

요우 션머 원티, 쑤이스 허 워 리앤씨.
有什么问题, 随时和我联系。

하오 더!
好的!

오! 스지앤 쿠아이 따오 러. 워먼 데이 조우 러!
哦! 时间快到了。我们得走了!

쭈 니먼 이루슌펑!
祝你们一路顺风!

씨에씨에! 짜이찌앤!
谢谢! 再见!

문장 익히기 ❶

페이창 간씨에 닌 더 러칭 쿠안따이!
非常感谢您的热情款待!
Fēicháng gǎnxiè nín de rèqíng kuǎndài!
따뜻하게 환대해 주셔서 대단히 감사합니다!

씨왕 니먼 뚜이 쩌츠 팡원 만이!
希望你们对这次访问满意!
Xīwàng nǐmen duì zhècì fǎngwèn mǎnyì!
이번 방문에 만족하셨기를 바랍니다!

満意 mǎnyì 만족하다
盛情 shèngqíng 두터운 정
支持 zhīchí 지지하다
配合 pèihé 협력하다
洽谈 qiàtán 협의(하다)
百忙 bǎimáng 매우 바쁘다
抽出 chōuchū 뽑아내다
查看 chákàn 살펴보다

1 감사 표현

- 정식으로 감사를 표현할 때는 '非常感谢 fēicháng gǎnxiè＋내용'으로 말해요.

귀사의 극진한 환대에 대단히 감사드립니다.
非常感谢贵公司的盛情款待。
Fēicháng gǎnxiè guì gōngsī de shèngqíng kuǎndài.

당신의 지지와 협조에 대단히 감사드립니다.
非常感谢您的支持和配合。
Fēicháng gǎnxiè nín de zhīchí hé pèihé.

2 ～에 대해 만족하기를 바란다

- '希望 xīwàng'은 '바라다'라는 뜻으로, 뒤에 희망하는 내용이 와요. '对 duì＋A＋满意 mǎnyì'는 'A에 대해 만족하다'라는 뜻이에요.

저희 서비스에 만족하셨기를 바랍니다.
希望您对我们的服务满意。
Xīwàng nín duì wǒmen de fúwù mǎnyì.

이번 협의에 만족하셨기를 바랍니다.
希望您对这次洽谈满意。
Xīwàng nín duì zhècì qiàtán mǎnyì.

'바쁜 와중에 시간을 내어 ～해 주셔서 감사합니다'는 '感谢您在百忙之中抽出时间 gǎnxiè nín zài bǎimáng zhī zhōng chōuchū shíjiān～'이라고 해요.

바쁜 와중에 시간을 내어 메일을 읽어 주셔서 감사합니다.
感谢您在百忙之中抽出时间**查看邮件**。
Gǎnxiè nín zài bǎimáng zhī zhōng chōuchū shíjiān chákàn yóujiàn.

문장 익히기 ②

 워먼 페이창 만이!
我们非常满意!
Wǒmen fēicháng mǎnyì!
저희는 매우 만족했어요!

 후안잉 니먼 짜이 라이 션양!
欢迎你们再来沈阳!
Huānyíng nǐmen zài lái Shěnyáng!
또 심양에 오세요!

多亏 duōkuī 덕분에

---

1 만족하다

• '非常满意 fēicháng mǎnyì'는 '매우 만족하다'라는 뜻이에요. '~에 대해 대단히 만족하다'는 '对+A+非常满意'라고 하면 돼요.

저희는 이번 방문에 대단히 만족합니다.
我们对这次访问非常满意。
Wǒmen duì zhècì fǎngwèn fēicháng mǎnyì.

저희는 귀사의 신제품에 대해 대단히 만족합니다.
我们对贵公司的新产品非常满意。
Wǒmen duì guì gōngsī de xīnchǎnpǐn fēicháng mǎnyì.

---

2 초대하기 ①

• '欢迎你们再来沈阳! Huānyíng nǐmen zài lái Shěnyáng!'은 '당신들이 심양에 다시 오는 것을 환영합니다!'라는 뜻으로, '심양에 또 오세요!'라는 표현이에요. '欢迎 huānyíng+대상+再来 zài lái+장소'로 '~에 또 오세요'라고 말해 주세요.

중국에 또 오세요! **欢迎你们再来中国!**
Huānyíng nǐmen zài lái Zhōngguó!

한국에 또 오세요! **欢迎您再来韩国!**
Huānyíng nín zài lái Hánguó!

좋은 결과를 맺었을 때 '~덕분에'라는 말을 자주 하죠? '多亏 duōkuī'는 '덕분에'라는 뜻이에요.

당신 덕분입니다. 多亏有你。
Duōkuī yǒu nǐ.

당신의 도움 덕분입니다. 多亏你的帮助。
Duōkuī nǐ de bāngzhù.

문장 익히기 ❸

이딩 후이! 워먼 씨왕 바오츠 허쭈어 꽌씨!
一定会! 我们希望保持合作关系!
Yídìng huì! Wǒmen xīwàng bǎochí hézuò guānxì!
꼭 그럴게요! 저희는 협력 관계가 유지되기를 바랍니다!

씨아츠 요우 찌후이, 칭 라이 한구어!
下次有机会, 请来韩国!
Xiàcì yǒu jīhuì, qǐng lái Hánguó!
다음에 기회가 되면, 한국에 오세요!

保持 bǎochí 유지하다
下次 xiàcì 다음번
双方 shuāngfāng 쌍방
良好 liánghǎo
　　　　　양호하다, 좋다
继续 jìxù 계속(하다)
通知 tōngzhī
　　　　　통지하다, 알리다

1　동사 保持

- '一定会! Yídìng huì!'는 '반드시 그러겠습니다!'라는 의미로, '会 huì'는 '~할 것이다'라는 뜻으로 쓰였어요. 동사 '保持 bǎochí'는 '유지하다'라는 뜻으로, 주로 '关系 guānxì(관계)', '联系 liánxì(연락)' 등의 목적어와 함께 쓰여요.

쌍방이 좋은 협력 관계를 유지하기를 바랍니다!　**希望双方保持良好的合作关系!**
　　　　　　　　　　　　　　　　　　　　Xīwàng shuāngfāng bǎochí liánghǎo de hézuò guānxì!

우리가 계속 연락을 유지하기를 바랍니다!　**希望我们继续保持联系!**
　　　　　　　　　　　　　　　　　　Xīwàng wǒmen jìxù bǎochí liánxì!

2　초대하기 ②

- '有机会 yǒu jīhuì'는 '기회가 있으면', 즉 '기회가 되면'이라는 뜻이에요. 예의상 초대할 때 적절한 표현이에요.

기회가 되면 꼭 가 보세요!　**有机会, 一定要去看看。**
　　　　　　　　　　　　Yǒu jīhuì, yídìng yào qù kànkan.

협상이 불발되어 거래할 수 없을 때, 이메일로 '通知 tōngzhī(통지)'하는 표현이에요.

정말 죄송하지만, 저희 측은 가격을 조정할 수 없음을 알려 드립니다.　真抱歉通知您, 我方不能调整价格。
　　　　　　　　　　　　　　　　　　　　　　　　　　　Zhēn bàoqiàn tōngzhī nín, wǒfāng bù néng tiáozhěng jiàgé.

다음에 기회가 되면, 귀사와 협력할 수 있기를 바랍니다.　下次有机会, 希望与贵公司合作。
　　　　　　　　　　　　　　　　　　　　　　　Xiàcì yǒu jīhuì, xīwàng yǔ guì gōngsī hézuò.

문장 익히기 ④

 하오 더, 씨에씨에!
好的, 谢谢!
Hǎo de, xièxie!
알겠습니다, 감사합니다!

 요우 션머 원티, 쑤이스 허 워 리앤씨.
有什么问题, 随时和我联系。
Yǒu shénme wèntí, suíshí hé wǒ liánxì.
무슨 문제가 있으면, 언제든지 저와 연락해요.

随时 suíshí 언제나, 아무 때나
事情 shìqing 일
随地 suídì 어디서나, 아무 데나
上网 shàngwǎng 인터넷을 하다
对方 duìfāng 상대방
留面子 liú miànzi 체면을 세우다

---

1 부사 **随时**

- '随时 suíshí'는 부사로 '언제나', '아무 때나'라는 뜻이고, '和 hé+대상+联系 liánxì'는 '～와 연락하다'라는 표현이에요.

무슨 변동 사항이 있으면, 언제든 저에게 알려 주세요.
有什么变动, 随时通知我。
Yǒu shénme biàndòng, suíshí tōngzhī wǒ.

저는 다른 일이 없습니다, 아무 때나 다 됩니다.
我没有别的事情, 随时都可以。
Wǒ méiyǒu biéde shìqing, suíshí dōu kěyǐ.

- '随地 suídì'는 '어디서나', '아무 데나'라는 뜻으로, '随时随地 suíshí suídì'는 '언제 어디서나'라는 의미예요.

요즘은 모두 스마트폰이 있어서, 언제 어디서나 인터넷을 할 수 있습니다.
最近大家都有智能手机, 随时随地可以上网。
Zuìjìn dàjiā dōu yǒu zhìnéngshǒujī, suíshí suídì kěyǐ shàngwǎng.

중국인과 교류할 때 절대 잊어서는 안 될 키워드가 바로 '面子 miànzi(체면)'인데요. 중국인들은 체면을 매우 중요시하기 때문에 절대 상대의 체면을 깎는 일을 하지 않도록 조심해야 해요. '面子'와 관련된 표현도 함께 알아 두세요.

상대방의 체면을 세워 주는 것은 자신의 체면을 세우는 거예요.　给对方留面子, 自己才有面子。
Gěi duìfāng liú miànzi, zìjǐ cái yǒu miànzi.

문장 익히기 ❺

오!　스지앤 쿠아이 따오 러.　워먼 데이 조우 러!
哦! 时间快到了。我们得走了!
Ò! Shíjiān kuài dào le. Wǒmen děi zǒu le!
오! 시간이 거의 다 됐네요. 저희는 가 봐야겠습니다!

쭈　니먼　이루슌펑!
祝你们一路顺风!
Zhù nǐmen yílùshùnfēng!
가시는 길이 순조롭기를 바랍니다!

快 kuài　곧
得 děi　~해야 한다
走 zǒu　가다, 떠나다
一路顺风 yílùshùnfēng
　　가시는 길이 순조롭기를 바란다
加班 jiābān　초과 근무하다
一路平安 yílùpíng'ān
　　가시는 길이 평안하시기를 바란다

---

1 임박 표현/조동사 得

- '快(要) kuài(yào)+동사+了 le'는 '곧 ~하려고 하다'라는 뜻으로, '时间快到了。Shíjiān kuài dào le.' 는 '시간이 곧 도달하려고 한다.', 즉 '시간이 거의 다 됐다.'라는 표현이에요.

　비행기가 곧 이륙하려고 해요.　**飞机快起飞了。**
　　　　　　　　　　　　　　　Fēijī kuài qǐfēi le.

- 조동사 '得 děi'는 '~해야 한다'라는 뜻으로, 뒤에 동사가 와요. '我们得走了。Wǒmen děi zǒu le.'에 서 문장 끝의 '了'는 변화를 나타내는 어기 조사로 쓰였어요.

　오늘 저는 야근해야 해요.　**今天我得加班了。**
　　　　　　　　　　　　　Jīntiān wǒ děi jiābān le.

---

2 배웅하기

- '一路顺风 yílùshùnfēng'은 '가시는 길이 순조롭기를 바란다'라는 뜻의 성어로, 멀리 길을 떠나는 사람 을 배웅할 때 자주 쓰이는 표현이에요. '一路平安 yílùpíng'ān'도 비슷한 의미예요.

　가시는 길 평안하시기를 바랍니다!　**祝你一路平安!**
　　　　　　　　　　　　　　　　　Zhù nǐ yílùpíng'ān!

- 비행기를 타는 사람에게는 '一路顺风 yílùshùnfēng'이라고 말하면 안 된다고 생각하는 중국인도 있어요. '一路顺风'은 '가는 길 (一路)이 순풍(顺风)에 따라 순조롭기를 바란다'라는 뜻인데요. 비행기가 바람을 거슬러 비행하기 때문에 순풍(顺风)을 맞으면 안 전하지 않다고 생각해서죠. 그럴 때는 '一路平安! Yílùpíng'ān!'이라고 인사하면 되겠죠? 하지만, 대부분 '一路顺风'을 순조로 운 여행길이 되라는 축원의 인사말로 이해하기 때문에 광범위하게 사용해요.

➜ 빈칸에 다양한 표현을 넣어 큰 소리로 연습해 보세요.

~에 대해 만족하셨기를 바랍니다

希望你们对 ⬜⬜⬜ 满意!
Xīwàng nǐmen duì　　　　mănyì!

这次旅游
zhècì lǚyóu
이번 여행

这次会议
zhècì huìyì
이번 회의

新项目
xīn xiàngmù
새 프로젝트

这次展览会
zhècì zhǎnlǎnhuì
이번 전람회

다음에 기회가 되면 ~합시다

下次有机会, ⬜⬜⬜。
Xiàcì yǒu jīhuì,

再见面吧
zài jiànmiàn ba
또 만납시다

希望和贵公司合作
xīwàng hé guì gōngsī hézuò
귀사와 협업하기를 바랍니다

请来我们公司
qǐng lái wǒmen gōngsī
우리 회사에 오세요

请您吃饭
qǐng nín chī fàn
식사를 대접하겠습니다

随时　　　　　。
Suíshí

问我	找我	给我打电话
wèn wǒ	zhǎo wǒ	gěi wǒ dǎ diànhuà
나에게 묻다	나를 찾다	나에게 전화하다

给我发kakaotalk	给我发微信
gěi wǒ fā kakaotalk	gěi wǒ fā wēixìn
나에게 카톡을 보내다	나에게 위챗을 보내다

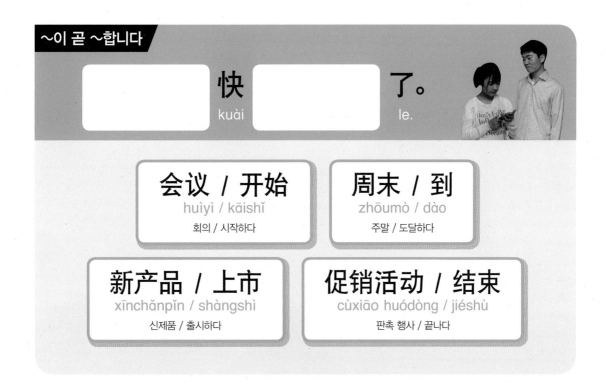

~이 곧 ~합니다

　　　　快　　　　了。
kuài　　　　　　le.

会议 / 开始	周末 / 到
huìyì / kāishǐ	zhōumò / dào
회의 / 시작하다	주말 / 도달하다

新产品 / 上市	促销活动 / 结束
xīnchǎnpǐn / shàngshì	cùxiāo huódòng / jiéshù
신제품 / 출시하다	판촉 행사 / 끝나다

뿜뿜 대화 체험하기

➜ 우리말 대본을 참고하여, 아래 영상에서 소리가 빈 부분을 중국어로 말해 보세요.

배웅하다

김 주임 — 따뜻하게 환대해 주셔서 대단히 감사합니다!

이번 방문에 만족하셨기를 바랍니다! — 장 주임

김 주임 — 저희는 매우 만족했어요!

또 심양에 오세요! — 장 주임

김 주임 — 꼭 그럴게요! 저희는 협력 관계가 유지되기를 바랍니다!

박 팀장 — 다음에 기회가 되면, 한국에 오세요!

알겠습니다, 감사합니다! — 장 주임

김 주임 — 무슨 문제가 있으면, 언제든지 저와 연락해요.

네! — 장 주임

김 주임 — 외! 시간이 거의 다 됐네요. 저희는 가 봐야겠습니다!

가시는 길이 순조롭기를 바랍니다! — 장 주임

쓱쓱 문장 만들기

1. 우리말 대화를 보고, 중국어 문장을 완성해 보세요.

   1) A: 또 심양에 오세요!

   _____你们_____沈阳!

   B: 꼭 그럴게요!

   _____!

   2) A: 시간이 거의 다 됐네요. 저희는 가 봐야겠습니다!

   时间_____。我们_____!

   B: 가시는 길이 순조롭기를 바랍니다!

   祝你们_____!

2. 주어진 단어를 이용하여, 중국어 문장을 만들어 보세요.

   1) (당신들이) 이번 방문에 만족하셨기를 바랍니다!

   | 满意 | 这次 | 对 | 你们 | 访问 | 希望 |
   | mǎnyì | zhècì | duì | nǐmen | fǎngwèn | xīwàng |

   ➡ _____

   2) 저희는 협력 관계가 유지되기를 바랍니다!

   | 希望 | 我们 | 保持 | 关系 | 合作 |
   | xīwàng | wǒmen | bǎochí | guānxì | hézuò |

   ➡ _____

   3) 무슨 문제가 있으면, 언제든지 저와 연락해요.

   | 有 | 问题 | 随时 | 我 | 和 | 联系 | 什么 |
   | yǒu | wèntí | suíshí | wǒ | hé | liánxì | shénme |

   ➡ _____

정답 1. 1) A: 欢迎, 再来   B: 一定会   2) A: 快到了, 得走了   B: 一路顺风
   2. 1) 希望你们对这次访问满意!   2) 我们希望保持合作关系!   3) 有什么问题, 随时和我联系。

알아 두면 꿀 떨어지는 꿀 표현

중국과의 사업 건 계약 후 상품의 포장 및 경고 문구도 꼼꼼히 체크하세요.

저희는 종이 상자로 포장합니다.
我们采用纸箱包装。
Wǒmen cǎiyòng zhǐxiāng bāozhuāng.

종이 상자
纸箱
zhǐxiāng

나무상자
木箱
mùxiāng

컨테이너
集装箱
jízhuāngxiāng

스티로폼
塑料泡沫
sùliàopàomò

포장 위에 경고 문구를 표시해야 합니다.
应该在包装上标注警示标志。
Yīnggāi zài bāozhuāngshàng biāozhù jǐngshì biāozhì.

깨지기 쉬운 물품
易碎品
yìsuìpǐn

취급 주의
小心轻放
xiǎoxīn qīngfàng

밟지 마시오
勿踩
wùcǎi

위로 향하게 놓으시오
向上
xiàngshàng

습기 주의
防潮(怕湿)
fángcháo(pà shī)

햇빛(열기) 주의
防晒(怕热)
fángshài(pà rè)

화재 주의
防火
fánghuǒ

쌓기 제한
堆积限制
duījī xiànzhì

采用 cǎiyòng 채용하다, 채택하다
标注 biāozhù 표시하고 상세하게 설명을 달다
警示 jǐngshì 경고하여 보이다
标志 biāozhì 표지

에필로그

상황 관찰하기

我们又可以在一起了!

상황 출장을 다녀온 후, 유나가 왕후이에게 기쁜 소식을 전합니다.

 왕후이

등장인물

 유나(로우나)

강의 보기

친아이 더! 취 션양 추차이 더 스, 전머양 러?
亲爱的! 去沈阳出差的事, 怎么样了?

헌 슌리. 워먼 꽁쓰 쫑위 찐루 쫑구어 스창 러!
很顺利。我们公司终于进入中国市场了!

와! 꽁씨 꽁씨! 타이 하오 러!
哇! 恭喜恭喜! 太好了!

씨에씨에 니!
谢谢你!

워 하이 요우 이 거 하오 씨아오시! 니 차이차이 바!
我还有一个好消息! 你猜猜吧!

스 션머? 워 차이 부 따오. 쿠아이 까오쑤 워 바.
是什么? 我猜不到。快告诉我吧。

워 뻬이 파이치앤 따오 베이징 꽁쭈어 러! 워 씨아 거 위에 찌우 야오 취 베이징 러!
我被派遣到北京工作了! 我下个月就要去北京了!

쩐 더? 지아 더? 까오씽 지러!
真的? 假的? 高兴极了!

워먼 요우 커이 짜이 이치 러!
我们又可以在一起了!

쩌츠 워 쥐에뚜이 부 후이 짜이 추어구어 니!
这次我绝对不会再错过你!

워 위앤이 이뻬이즈 짜이 니 션삐앤.
我愿意一辈子在你身边。

찌아 게이 워 바! 워 후이 랑 니 이뻬이즈 씽푸 더.
嫁给我吧! 我会让你一辈子幸福的。

문장 익히기 ❶

친아이 더! 취 션양 추차이 더 스, 전머양 러?
亲爱的! 去沈阳出差的事, 怎么样了?
Qīn'ài de! Qù Shěnyáng chūchāi de shì, zěnmeyàng le?
자기야! 심양에 출장 간 일은 어땠어?

헌 슌리.
很顺利。
Hěn shùnlì.
잘됐어.

워먼 꽁쓰 쫑위 찐루 쫑구어 스창 러!
我们公司终于进入中国市场了!
Wǒmen gōngsī zhōngyú jìnrù Zhōngguó shìchǎng le!
우리 회사가 드디어 중국 시장에 진출했어!

终于 zhōngyú
　　　마침내, 드디어
合并 hébìng　합병하다
领导 lǐngdǎo　상사, 리더
汇报 huìbào　보고하다
世界 shìjiè　세계
500强企业
　　wǔbǎi qiáng qǐyè
　　　500대 기업
蒸蒸日上
　　zhēngzhēngrìshàng
　　　나날이 발전하다

---

1 어떻게 됐어?

- '怎么样了 zěnmeyàng le?'에서 '怎么样?'은 '어때?'라는 뜻이죠? 문장 끝에 '了'가 있으므로 변화의 의미를 담아 '어떻게 됐어?', '어땠어?'라고 풀이해 주면 돼요.

회사 합병 문제는 어떻게 됐어요?　　**公司合并问题, 怎么样了?**
　　　　　　　　　　　　　　　　Gōngsī hébìng wèntí, zěnmayàng le?

상사에게 보고한 일은 어떻게 됐어요?　**向领导汇报的事, 怎么样了?**
　　　　　　　　　　　　　　　　Xiàng lǐngdǎo huìbào de shì, zěnmeyàng le?

---

2 부사 终于

- 부사 '终于 zhōngyú'는 '마침내', '결국', '드디어'라는 뜻이고, '进入 jìnrù~市场 shìchǎng'은 '~시장에 진출하다'라는 의미예요.

우리 회사가 드디어 해외 시장을 뚫었어!　**我们公司终于打开海外市场了!**
　　　　　　　　　　　　　　　　　Wǒmen gōngsī zhōngyú dǎkāi hǎiwài shìchǎng le!

우리 회사가 드디어 세계 500대 기업과 협력하게 되었어!
我们公司终于跟世界500强企业合作了!
Wǒmen gōngsī zhōngyú gēn shìjiè wǔbǎi qiáng qǐyè hézuò le!

'일이 잘되다'라고 표현할 때는 '工作顺利 gōngzuò shùnlì(일이 순조롭다)'라고 말해요.

일이 잘되고, 나날이 발전하기를 바랍니다.　祝你工作顺利, 蒸蒸日上。
　　　　　　　　　　　　　　　　　　Zhù nǐ gōngzuò shùnlì, zhēngzhēngrìshàng.

문장 익히기 ②

워 하이 요우 이 거 하오 씨아오시! 니 차이차이 바!
我还有一个好消息! 你猜猜吧!
Wǒ hái yǒu yí ge hǎo xiāoxi! Nǐ cāicai ba!
나 좋은 소식이 하나 더 있어! 맞춰 봐!

스 션머?　　워 차이 부 따오.　쿠아이 까오쑤 워 바.
是什么? 我猜不到。快告诉我吧。
Shì shénme? Wǒ cāi bu dào. Kuài gàosu wǒ ba.
뭔데? 나 못 맞추겠어. 빨리 말해 줘.

消息 xiāoxi　소식
猜 cāi　추측하다
快 kuài　빠르다
合适 héshì
　　적당하다, 알맞다
卖光 màiguāng
　　매진되다
买 mǎi　사다

---

1 좋은 소식

● '좋은 소식'은 '好消息 hǎo xiāoxi'라고 하고, '나쁜 소식'은 '坏消息 huài xiāoxi'라고 해요. '猜 cāi'는 '추측하다'라는 동사로 '猜猜 cāicai'처럼 동사를 두 번 반복하면 '한번 맞춰 봐'라는 의미가 돼요.

나한테 좋은 소식 하나랑 나쁜 소식 하나가 있는데, 너 어떤 것부터 들을래?
我有一个好消息和一个坏消息, 你要先听哪个?
Wǒ yǒu yí ge hǎo xiāoxi hé yí ge huài xiāoxi, nǐ yào xiān tīng nǎ ge?

---

2 가능 보어의 부정형

● '猜不到 cāi bu dào'는 가능 보어의 부정형으로, '추측[猜]했는데, 결론에 도달하지 못했다[不到]'라는 뜻이에요.

나는 적합한 회사를 못 찾겠어. **我找不到合适的公司。**
　　　　　　　　　　　Wǒ zhǎo bu dào héshì de gōngsī.

다 팔려서, 나는 못 샀어. **都卖光了, 我买不到。**
　　　　　　　　　　Dōu màiguāng le, wǒ mǎi bu dào.

가능 보어의 긍정형은 '동사+得 de+보어'이고, 부정형은 '동사+不 bu+보어'예요. '추측할 수 있다'를 가능 보어로 표현하면, '猜得到 cāi de dào'예요.

저는 할 수 있어요!　**我做得了!**　　　　　저는 할 수 없어요!　**我做不了!**
　　　　　　　　Wǒ zuò de liǎo!　　　　　　　　　　　Wǒ zuò bu liǎo!

문장 익히기 ③

워 뻬이 파이치앤 따오 베이찡 꽁쭈어 러!
我被派遣到北京工作了!
Wǒ bèi pàiqiǎn dào Běijīng gōngzuò le!
나 베이징으로 파견돼서 일하게 됐어!

워 씨아 거 위에 찌우 야오 취 베이찡 러!
我下个月就要去北京了!
Wǒ xià ge yuè jiù yào qù Běijīng le!
나 다음 달에 베이징에 갈 거야!

쩐 더?   지아 더?   까오씽   지러!
真的? 假的? 高兴极了!
Zhēn de? Jiǎ de? Gāoxìng jíle!
진짜야? (가짜야?) 정말 기쁘다!

派遣 pàiqiǎn 파견하다
北京 Běijīng 베이징(북경)
就要 jiùyào 곧, 머지않아
假的 jiǎ de 가짜
极了 jíle 극히, 매우, 아주
放逐 fàngzhú
    쫓아내다, 추방하다
国外 guówài 국외
这两天 zhèliǎngtiān
    요 며칠, 요즘
忙 máng 바쁘다

---

1 피동문

- 전치사 '被 bèi'는 'A＋被 bèi＋(B)＋동사' 형식으로 쓰여 'A는 (B에게) ~을 당하다'라는 뜻의 피동 문을 만들어요. 이때 B는 생략 가능해요. '我被派遣到北京工作了! Wǒ bèi pàiqiǎn dào Běijīng gōngzuò le!'를 풀이하면, '나는 베이징으로 파견돼서 일하게 되었다!'예요.

나 본사로 파견돼서 일하게 됐어!
我被派遣到总公司工作了!
Wǒ bèi pàiqiǎn dào zǒnggōngsī gōngzuò le!

그는 국외로 추방당했어요.
他被放逐到国外了。
Tā bèi fàngzhú dào guówài le.

---

2 ~极了

- '형용사+极了 jíle'는 '매우 ~하다'라는 뜻으로, 형용사를 강조하는 표현이에요. 이때 형용사 앞에는 다른 정도 부사가 오지 않아요.

요즘 나 엄청 바빠.
这两天我忙极了。
Zhèliǎngtiān wǒ máng jíle.

새로 산 휴대폰 엄청 좋아!
新买的手机好极了!
Xīn mǎi de shǒujī hǎo jíle!

 아하!

'就要 jiùyào~了 le'는 '快要 kuàiyào~了 le'와 같은 표현으로, '곧 ~하려고 하다'라는 뜻이죠? 앞에 시간사가 있을 때는 '就要 ~了'로 말해요.

내일 곧 생산하려고 합니다. 明天就要生产了。
    Míngtiān jiùyào shēngchǎn le.

문장 익히기 ❹

워먼 요우 커이 짜이 이치 러!
我们又可以在一起了!
Wǒmen yòu kěyǐ zài yìqǐ le!
우리 또 같이 있을 수 있어!

쩌츠 워 쮀에뚜이 부 후이 짜이 추어구어 니!
这次我绝对不会再错过你!
Zhècì wǒ juéduì bú huì zài cuòguò nǐ!
이번에는 나 절대로 널 다시 놓치지 않을 거야!

绝对 juéduì 절대
错过 cuòguò
　　　　(기회 등을) 놓치다
作品 zuòpǐn 작품
一饱眼福 yìbǎoyǎnfú
　　　　실컷 눈요기하다
犯 fàn 저지르다, 범하다
同样 tóngyàng 같다
错误 cuòwù 실수

---

1 조동사 可以

- 조동사 '可以 kěyǐ'는 '~할 수 있다'라는 뜻이죠? '又可以 yòu kěyǐ~了 le'는 '또 ~할 수 있게 되었다'라는 의미예요. '在一起 zài yìqǐ'는 '함께하다' 또는 '사귀다'라는 뜻을 가지고 있어요.

새 작품이 나왔네요. 또 눈이 즐거울 수 있네요.
新作品出来了。又可以一饱眼福了。
Xīn zuòpǐn chūlái le. Yòu kěyǐ yìbǎoyǎnfú le.

---

2 부사 绝对

- '绝对不会 juéduì bú huì+동사'는 '절대로 ~하지 않을 것이다'라는 뜻으로, 여기서 '会 huì'는 '~일 것이다'라는 추측의 의미로 쓰였어요. 미래의 반복을 나타낼 때는 부사 '再 zài'로 하고, 동사 '错过 cuòguò'는 '(기회 등을) 놓치다'라는 의미예요.

나 절대 이 기회를 놓치지 않을 거야.
我绝对不会错过这个机会。
Wǒ juéduì bú huì cuòguò zhè ge jīhuì.

절대 다시 같은 실수를 하지 않을 거예요.
绝对不会再犯同样的错误。
Juéduì bú huì zài fàn tóngyàng de cuòwù.

'一饱眼福 yìbǎoyǎnfú'는 '大饱眼福 dàbǎoyǎnfú'와 같은 뜻의 단어로, '눈 한가득 복으로 채우다', 즉 '실컷 눈을 즐겁게 하다'라는 의미예요. 비슷한 형식의 단어 '大饱口福 dàbǎokǒufú'는 '입 한가득 복으로 채우다', 즉 '맛있는 음식을 배불리 먹다'라는 의미예요.

문장 익히기 ⑤

워 위앤이 이뻬이즈 짜이 니 션삐앤.
我愿意一辈子在你身边。
Wǒ yuànyì yíbèizi zài nǐ shēnbiān.
나는 평생 네 곁에 있고 싶어.

찌아 게이 워 바! 워 후이 랑 니 이뻬이즈 씽푸 더.
嫁给我吧! 我会让你一辈子幸福的。
Jià gěi wǒ ba! Wǒ huì ràng nǐ yíbèizi xìngfú de.
나한테 시집와! 내가 널 평생 행복하게 해 줄게.

愿意 yuànyì
　　　　 ～을 바라다, 원하다
一辈子 yíbèizi 한평생, 일생
身边 shēnbiān 몸, 곁
嫁 jià 시집가다
幸福 xìngfú 행복(하다)
谷歌 Gǔgē 구글
每天 měitiān 매일
开心 kāixīn 유쾌하다, 즐겁다

1 　조동사 愿意

- '愿意 yuànyì'는 '～을 바라다', '～을 원하다'라는 뜻으로, 개인적인 소망을 담아 말하는 표현이에요.

나는 너와 같이 있고 싶어. 　**我愿意和你在一起。**
　　　　　　　　　　　　　Wǒ yuànyì hé nǐ zài yìqǐ.

나는 구글에서 일하고 싶어. 　**我愿意在谷歌工作。**
　　　　　　　　　　　　　Wǒ yuànyì zài Gǔgē gōngzuò.

2 　사역 동사 让

- '会 huì'는 조동사로 '～할 것이다'라는 의미이고, '让 ràng+A+B'는 'A로 하여금 B하게 하다'라는 뜻이에요. '我会让你一辈子幸福的。 Wǒ huì ràng nǐ yíbèizi xìngfú de.'를 풀이하면 '내가 너로 하여금 평생 행복하게 할 거야.'로, 프러포즈할 때 하는 말인 '내가 평생 행복하게 해 줄게.'라는 표현이에요.

내가 널 매일 즐겁게 해 줄게. 　**我会让你每天都开心。**
　　　　　　　　　　　　　Wǒ huì ràng nǐ měitiān dōu kāixīn.

'구글'은 '谷歌 Gǔgē'라고 하는데요. '구글' 같은 세계적인 기업은 중국어로 어떻게 말하는지 알아볼까요?

월마트	도요타 자동차	애플	삼성전자	아마존	마이크로소프트
沃尔玛	丰田汽车公司	苹果公司	三星电子	亚马逊	微软
Wò'ěrmǎ	Fēngtiánqìchē gōngsī	Píngguǒ gōngsī	Sānxīng diànzǐ	Yàmǎxùn	Wēiruǎn

➔ 빈칸에 다양한 표현을 넣어 큰 소리로 연습해 보세요.

～은 어땠어요?

　　　　　　　　　　　，怎么样了？
　　　　　　　　　　　　　　zěnmeyàng le?

这次研讨会
zhècì yántǎohuì
이번 세미나

去韩国旅游的事
qù Hánguó lǚyóu de shì
한국에 여행 간 일

参观工厂的事
cānguān gōngchǎng de shì
공장을 둘러본 일

签合同的事
qiān hétong de shì
계약한 일

드디어 ～했다!

终于 　　　　　　　　　　**！**
Zhōngyú 　　　　　　　　　　**！**

进入美国市场了
jìnrù Měiguó shìchǎng le
미국 시장에 진출했다

完成项目了
wánchéng xiàngmù le
프로젝트를 완성했다

年销售额突破了一千亿韩元
niánxiāoshòu'é tūpò le yìqiānyì hányuán
연 매출액이 천억 원을 돌파했다

升职了
shēngzhí le
승진했다

나 ~로 파견됐어!

我被派遣到 ⬜ 了!
Wǒ bèi pàiqiǎn dào le!

上海	香港	东京
Shànghǎi	Xiānggǎng	Dōngjīng
상하이(상해)	샹강(홍콩)	도쿄(동경)

纽约	巴黎
Niǔyuē	Bālí
뉴욕	파리

내가 널 ~하게 할게!

我会让你 ⬜ !
Wǒ huì ràng nǐ !

成功的	感到有成就感
chénggōng de	gǎndào yǒu chéngjiùgǎn
성공하다	성취감을 느끼다

被公司录取的	每天笑一笑
bèi gōngsī lùqǔ de	měitiān xiào yi xiào
회사에 합격하다	매일 웃다

뿜뿜 대화 체험하기

➡ 우리말 대본을 참고하여, 아래 영상에서 소리가 빈 부분을 중국어로 말해 보세요.

에필로그

왕후이 ➤ 자기야! 심양에 출장 간 일은 어땠어?

잘됐어. 우리 회사가 드디어 중국 시장에 진출했어! ◀ 유나

나 좋은 소식이 하나 더 있어! 맞춰 봐! ◀ 유나

왕후이 ➤ 뭔데? 나 못 맞추겠어. 빨리 말해 줘.

나 베이징으로 파견돼서 일하게 됐어! 나 다음 달에 베이징에 갈 거야! ◀ 유나

왕후이 ➤ 진짜야? (가짜야?) 정말 기쁘다!

우리 또 같이 있을 수 있어! ◀ 유나

왕후이 ➤ 이번에는 나 절대로 널 다시 놓치지 않을 거야!

나는 평생 네 곁에 있고 싶어. ◀ 유나

왕후이 ➤ 나한테 시집와! 내가 널 평생 행복하게 해 줄게.

쏙쏙 문장 만들기

1. 우리말 대화를 보고, 중국어 문장을 완성해 보세요.

   1) A: 심양에 출장 간 일은 어땠어?

   去沈阳_____, _____了?

   B: 우리 회사가 드디어 중국 시장에 진출했어!

   我们公司终于_____了!

   2) A: 나 좋은 소식이 하나 더 있어! 맞춰 봐!

   我还有一个_____。你_____吧!

   B: 나 못 맞추겠어. 빨리 말해 줘.

   我_____。快_____我吧。

2. 주어진 단어를 이용하여, 중국어 문장을 만들어 보세요.

   1) 나 베이징으로 파견돼서 일하게 됐어!

   | 我 | / | 北京 | / | 到 | / | 被 | / | 派遣 | / | 工作 | / | 了 |
   | wǒ | | Běijīng | | dào | | bèi | | pàiqiǎn | | gōngzuò | | le |

   ➡ _____

   2) 나 다음 달에 베이징에 갈 거야!

   | 就要 | / | 下 | / | 了 | / | 月 | / | 我 | / | 去 | / | 北京 | / | 个 |
   | jiùyào | | xià | | le | | yuè | | wǒ | | qù | | Běijīng | | ge |

   ➡ _____

   3) 이번에는 나 절대로 널 다시 놓치지 않을 거야!

   | 绝对 | / | 我 | / | 这次 | / | 错过 | / | 会 | / | 再 | / | 不 | / | 你 |
   | juéduì | | wǒ | | zhècì | | cuòguò | | huì | | zài | | bú | | nǐ |

   ➡ _____

정답 1. 1) A: 出差的事, 怎么样 B: 进入中国市场 2) A: 好消息, 猜猜 B: 猜不到, 告诉
2. 1) 我被派遣到北京工作了! 2) 我下个月就要去北京了! 3) 这次我绝对不会再错过你!

알아 두면 꿀 떨어지는 꿀 표현

영상으로 체험하며 즐겁게 중국어 '뿜뿜' 뿜어내셨나요?
그동안 다진 실력을 바탕으로 재미있게 공부할 수 있는 중국 드라마를 추천할게요.

欢乐颂 〈환락송〉
Huānlèsòng

환락송1 첫 방영일: 2016년 4월 18일, 총 42회(회당 40분)
환락송2 첫 방영일: 2017년 5월 11일, 총 55회(회당 45분)

요즘 중국에서 유행하는 신조어부터 고급 비즈니스 중국어까지 총망라하여 공부할 수 있는 드라마예요. 살아온 환경과 성격이 전혀 다른 2~30대 젊은 여성 5명이 상하이의 '환락송'이라는 아파트에서 모여 살며 벌어지는 이야기를 담고 있어요. 그녀들의 삶을 통해 현대 중국인들의 사랑과 우정, 취업 문제, 주거 문제 등을 볼 수 있어요.

致我们单纯的小美好
Zhì wǒmen dānchún de xiǎoměi hǎo
〈치아문단순적소미호 - 우리의 순수했던 아름다운 추억에게〉

첫 방영일: 2017년 11월 9일, 총 23회(회당 45분)

영문 제목은 'A love so beautiful'이에요. 우리나라 드라마 〈응답하라 1997〉과 비슷한 느낌으로, 젊고 풋풋한 청춘들의 사랑 이야기죠. 〈환락송〉보다 쉽고 간단한 중국어 대사가 많아 초급자들도 쉽게 감상할 수 있어요.